園藝及音樂活動
對幼童氣質之影響

以／生／命／教／育／為／主／題

莊財福／等著

中文前言

　　過去幾十年，世界各國拼命追求經濟發展，科技文明一日千里。但人類的心靈卻更加匱乏。憂鬱症、自殺、吸毒等國際性的社會問題層出不窮。面對當前臺灣社會價值觀念混亂、道德低落、是非不分與缺乏羞恥心等嚴重問題，多數學者認為應該加強生命教育，生命教育也應該從小開始紮根。現在不做，以後就會後悔。

　　本書主要目的在以幼童生命教育為主題，進行一系列園藝及音樂活動課程後，探討對幼童氣質發展之影響，藉以啟迪幼童真善美的心靈。本書設計一系列園藝活動及音樂活動，藉由課程講授與上述活動中，讓幼童體會生命的奧妙與意義，並進而培養並實踐珍惜、尊重自己與他人生命，並愛護其他的萬物。課程中並講授品德教育重要內涵，如感恩思想、同儕相處、責任感等。本書作者有感於台灣流行音樂之作品多屬市場考量，創作方向以描述年輕男女之愛情故事居多，多數歌詞內涵並不適合幼童生命教育之需要。基於上述原因，作者創作一系列適合幼童生命教育歌曲，將品德教育、感恩思想及人與自然環境關係等重要內涵融入歌詞，作為本書音樂教育與課程解說的重要教材。

　　本書設計之課程活動對象為某幼稚園小班幼童。結果發現，在經過一段時間的課程後，部分幼童對於陌生人的接觸變得較不害羞，活動反應由被動變為主動。另有幼童在經過數次的課程活動之後，在家中與祖母對話的內容更為貼心，令家人頗為開心與驚訝。另有幼童也從植物的發芽、落葉、死亡之過程，體會到家中的長輩

有一天也會離開，對生命有更深的體驗。更令人高興的是，有一幼童在當日教完本書創作之生命教育歌曲──父親您真偉大之後，父親反應小孩當天與他說了很多話，父子親情更佳。

　　最後，期能透過本書作者創作之生命教育歌曲，以及上述園藝及音樂活動課程之研究成果，作為關心此議題之社會大眾與教育單位之參考資料，此為本書出版之最大目標與貢獻。

關鍵詞：幼兒氣質、生命教育、園藝活動、音樂活動

　　In the past few decades, the countries all over the worlds pursue economic development desperately, the civilization of scientific and technological has improved significantly; however, this has caused human soul more deficient. International social concerns, such as melancholia, committing suicide, taking drug, etc. emerge in an endless stream. In Taiwan, we face the present confused social values, low morals, lacking Shame heart, most scholars thought that we should strengthen the life education and the life education should begin when people are young. If you do not do it, you will regret tomorrow.

　　This main purpose of this book is to investigate the influence of children's temperamental development through gardening and musical activities based on life education. We hope to inspire the pure heart of children by this program. Initially, the authors design a series of gardening and musical activities. By lecturing lift education and the above activities, children are able to realize the secret and meaning of life. By this way, they can further train and practice children to respect themselves, others' life and cherish everything. In this program, the authors also lecture moral education, such as gratitude, getting along, and sense of duty. In particular, it is known that the pop music in Taiwan is not very suitable for children. For the above-mentioned reason, the authors created a series of educational songs based on life education. The above songs have incorporated moral education, gratitude, and relation between people and natural environment, etc.

The results showed that some children have a gradual improvement when they are in contact with new people and things. For example, some children become less shy and some become more active. Another case showed that the content of talking with grandmother at home is more close, making family members rather surprised.

Keywords: child temperament, life education, gardening activities, musical activities

目　次

表目次

圖目次

第一章　緒論

　　人類和植物的關係相當密切，從生理角度來看，植物行光合作用產生氧氣，提供人類維生必要的元素；由心理角度來看，人類看到植物景色時有顯著的紓解緊張與減輕壓力的效果，進而減少恐懼、憤怒與憂慮等情緒負面感覺，並有效提高興趣及注意力集中……等對心理上有益的反應（Ulrich & Parsons, 1992；郭毓仁，2005）。

　　近年來由於許多景觀園藝學者瞭解到時代的變遷，人民希望生活的更健康來防止病發，因此景觀園藝治療才開始在台灣逐漸發展（Kavanagh, 1995；郭毓仁，2005）。和園藝治療相關的同類療法（allied therapies）包括藝術治療（art therapy）、音樂治療（music therapy）、遊憩治療（recreationaltherapy）、或其他職能療法（occupational therapy）（黃俊傑，2000）。但是在過去幾年中，和人類接觸自然可以得到療效有關的三種療法是園藝治療、自然環境治療（nature therapy）或類似於景觀治療、以及動物輔助治療（animal aid therapy）。所謂園藝治療法一般而言，是指利用植物及園藝課程讓來參與者（client）從某種身心理障礙恢復到未發病前，甚至比病前更好的狀態的治療方法（Davis, 1995）。而本研究期望讓兒童藉由園藝實作及音樂活動的接觸，影響其氣質之發展，並利用生命教育的意涵，引導兒童培養感恩與奉獻的心。

　　氣質（temperament）這個名詞是由西洋古代醫學之父Hippocrates 所創，原意是與體質有關的心理因素或關係，後來漸失

原意，並無一致定論（王珮玲，1999）。而現在最常被引用和討論的氣質理論觀點，是由 Thomas 與 Chess（1997）所提出之氣質論。他將氣質是為一種與生俱來的特質（constitutional character），這種特質是已生物學為基礎，並由相互獨立的九項具體行為所組成。其中九項氣質特性分別為活動量、規律性、趨避性、適應度、反應強度、情緒本質、堅持度、注意力分散度及反應閾（賴明美，1999），針對各氣質特性在第三章研究方法中會予以描述之。

　　基本上氣質並無好壞之分，但是和照顧者氣質特徵的適合度卻會影響教養態度和親子關係，尤其我國的家庭體系仍是以父母為主的權威式家庭居多，當孩子的氣質特徵與父母有異時，很容易被列入「不聽話的孩子」名單之中。舉例來說，一個生活不規律的母親，碰到一個飲食時間性極規律的孩子，時間一到一定要吃飯，可能就會被認為是愛找麻煩的孩子（高淑芬，2000）。

　　「氣質」是人們與生俱來的獨特行為模式，從出生的第一天開始，每個孩子就展現出不同的特性；兒童時期是人格養成的重要階段，而父母則扮演此階段的重要角色，強度「適性發展」的現代社會，唯有瞭解孩子的氣質特性，才能幫助父母依據孩子不同的氣質特性而有不同的教養方式（張惠琴，2008）。

　　許多令父母頭疼的問題行為，都與孩童的天生氣質有關。當父母瞭解孩童的氣質，才知道應該以什麼樣的態度與其相處，給予他什麼樣的期許和教養方式，讓孩子能夠在被瞭解的環境中成長，以減少成長過程中的壓力，使其充分地發展自我。本研究為瞭解幼童氣質發展，設計一系列園藝及音樂課程活動，並以生命教育為主題，藉此啟發幼童感恩、真誠與奉獻的心，作為本研究之首要動機。

第一節　研究目的

　　本研究旨在瞭解幼童在經過以生命教育為主題的園藝實作及音樂活動後，其對幼童氣質發展之影響，屬於質性研究，主要研究對象為彰化縣某幼稚園小班學童，年齡為 4～5 歲幼童，研究活動執行三個月，針對小班學童進行園藝實作及音樂活動，依據觀察記錄、訪談及兒童氣質評估表分析，得到對象在接觸本研究活動後，其在氣質特性之轉變。根據上述研究動機與目的，本研究將探討幼稚園小班學童在經過蘊含品德教育之活動後，其氣質發展及不同活動類型所帶來的影響，以作為未來相關研究的參考。茲將本研究目的敘述如下：

1. 探討以生命教育為主題，進行園藝結合音樂活動之課程後，觀察幼童氣質之變化。
2. 探討進行園藝結合音樂活動之課程後，對個案幼童氣質之影響。

第二節　研究限制

　　本研究希望藉由不同個案所展現之氣質特性與環境背景脈絡，來探討幼童在經過園藝結合音樂之活動後其氣質發展之影響，讓未來相關研究得以有參考之範例。以下將本研究之限制分述之：

一、觀察者多重角色

研究者兼具觀察者、記錄者、訪談者和分析者，故觀察者的期望會影響對被觀察者所作的觀察與記錄，亦即如觀察者知道某項會影響被觀察者之行為，在當觀察者時，可能會不自覺影響結果。此外觀察者多重角色難免會產生相互干擾並混淆了作為研究者所必須具備之客觀性及敏銳性。

二、觀察、訪談的時間有限

為配合個案及幼稚園課程之作息，在進行觀察及訪談的時間有限，加上環境脈絡的影響難以獲得，信度也可能因此而受影響。礙於時間的限制，故無法完整記錄個案在行為所表現之特徵，而以平時錄影、錄音及觀察記錄表來加以記錄分析。

三、研究工具的誤差

本研究採用之兒童氣質評估表，因個案年紀小故由個案父母填寫，可能會造成與實際情形有所誤差；而父母在填寫評估表時，可能會對其問題和項目的瞭解程度不足，或在不正確的記憶之下填寫，導致偏差回憶，進而影響研究結果。

第三節　名詞釋義

一、幼童

　　根據兒童福利法規定，所謂兒童係指未滿十二歲之人。而本研究定義之幼童，係指幼稚園小班 4～5 歲之男女兒童。

二、氣質

　　所謂氣質，係指個體表現之總稱，用來描述個體動作的表現、適應性情緒的傾向和注意力集中度等情形；氣質在發展過程中，會受到環境因素的影響（戴立梅，2003）。本研究所稱之氣質係指台大醫院於 1977 年編定之「兒童氣質評估表」上所測得的分數為操作型定義。

第二章　文獻探討

　　本章節所探討之文獻，以兒童氣質為主體，第一節為兒童氣質理論；第二節兒童氣質相關研究探討之變項；第三節研究活動設計之概念。

第一節　兒童氣質理論

　　氣質的概念很早就被提出，被卻於 1954 年才由美國醫師 Thomas & Chess 所領導的紐約縱貫研究（New York Longitudinal Study，簡稱 NYLS），對氣質進行有系統且長期的研究，從此氣質的相關研究才漸被重視（王珮玲，1992）。依照 Vaughn & Bost（1999）的分類方式，將氣質理論分成以下四種：

一、初始人格理論（Emergent-Personality Theory）

　　Buss 與 Plomin 於 1975 年將氣質定義為出現在嬰幼兒時期的一種遺傳人格特質，並將氣質視為人格的一部分。其行為特徵具備以下特性：具有遺傳性、具有穩定性、對未來人格具有預測性、在發展歷程中具有適應性、此特徵能在動物身上顯現。其構成要

素為：情緒性（emotionality）、活動量（activity）、社交性（sociability）與衝動性（impulsivity）。但在1984年的研究中，因衝動性較不具遺傳性，因此將其排除（李美瑩，1994；楊昭謨，1997）。

二、行為風格理論（Behavioral-Style Theory）

此派氣質理論，認為氣質是行為風格的展現，而不是行為的具體內容或動機，除了設定這些行為模式來自體質上的差異，對於「個體各個內在微系統是否或如何影響此外顯行為模式」並不在意（雷庚玲，2002；Vaughn 與 Bost, 1999）。此理論之代表人物為 Thomas 與 Chess；他們認為氣質具有以下二點特性：（1）氣質是獨立的心理特質：氣質不屬於認知、動機或情緒等心理特性，不過在兒童成長過程中，氣質會與這些心理特性產生互動，在互動過程中，會使兒童在特定的情境下表現出他的行為反應。（2）氣質是一種對外在刺激、期望或要求的反應：當外在環境對兒童心理特質產生影響時，氣質會與之產生互動或介入，所以兒童會對相同的刺激產生不同的行為（Thomas 與 Chess,1977）。

根據 Thomas 與 Chess（1977）的臨床觀察結果指出：氣質的持續性，有時可以從兒童期一直到成人期。個體或團體，從一個年齡階段到另一個年齡階段，有些特性可能有顯著的持續性，但卻可能以不同的表現方式呈現其本質。例如：對新玩具或不曾吃過的食物退縮或排斥反應的嬰幼兒，長大以後，以許對新的遊樂器材，不再有明顯的退縮反應，但這種退縮的本質可能會表現在與同儕團體的互動或學習上具有低挫折容忍度。因此，雖然環境可以改變氣質，但成效卻相當有限。此外，Thomas 與 Chess 於1990年的研究

結果中指出，在兒童三歲時所測量的「難養——易養群[1]」氣質特徵與追蹤成年之後所評定的氣質特徵，達顯著相關。（Martin, 1994）。由這些研究顯示，氣質仍具有相當的穩定性。

三、情緒／生理調節理論
（Theories of Emotional/Physiological Regulation）

Rothbart 與 Derryberry（1981）將氣質定義為兒童在反應性（reactivity）和自我調整（self-regulation）上的個別差異。反應性係指行為的興奮或激發程度，主要為內分泌、自律和中樞神經系統的反應；而自我調整指的是過程，例如：注意、趨近、逃避和抑止，這些因素會幫助調節（增進或抑止）反應性（張振南，1995）。其認為氣質具有：（1）正向反應（positive reactivity）、（2）負向反應（negative reactivity）、（3）對新奇、激烈刺激的行為抑制性、（4）注意力集中或轉移的程度等四個特性。

---

[1]　Thomas, Chess & Birch 在 1963 年以非結構式訪談蒐集兒童生活資料，並以系統化的歸內分析，得到孩子在出生時及具有之九項氣質特性，包括：活動量（activity level）、規律性（rhythmicity）、趨近／避性（approach/withdraw）、適應性（adaptability）、情緒本質（quality of mood）、注意力分散度（distractibility）、堅持度（persistence）、反應強度（intensity of reaction）、反應閾（threshold）等。以上九項氣質特性中，發現其中的規律性、趨近／避性、適應性、情緒本質及反應強度等五項較會影響親子關係的建立。因此 Thomas 等人根據此五項氣質特性，將兒童養育程度的難易分為三類，即：（1）安樂型（easy）、（2）慢吞吞型（slow-to warm-up）、（3）養育困難型（difficult）等。

四、社會建構理論（Social Construction Theory）

　　氣質研究碰到的首要問題之一是同一個兒童在不同的觀察者描述中，會有完全不同的氣質，Bates 認為觀察者的差異性突顯出氣質的重要意涵，也就是氣質實際上是在特有的價值觀下所產生（張惠琴，2008；雷庚玲，2002；Vaughn 與 Bost, 1999）。而在國內的相關研究中顯示，由父母或老師的評量結果，在堅持度上較容易出現轉變，其父母及老師三人所評量的結果亦較為一致（王珮玲，1994）。氣質是由孩子與其重要他人雙方所共同建構出來的，而這樣的社會建構產物，會長期穩定地影響兒童未來的發展軌跡及人際適應能力（張惠琴，2008；雷庚玲，2002）。

第二節　兒童氣質相關研究探討之變項

　　關於兒童氣質的相關文獻與研究，有許多不同的要素與兒童氣質有關，或者是相互影響，然而，可以從這些研究結果當中發現，兒童氣質是如何影響兒童及其發展。下列提出本研究較關切之變項為：（1）性別、（2）家中手足成員，作分述探討：

一、性別

　　Carson、Wagner 與 Schultz（1987）以氣質和性別兩變項來探討學步期兒童的社會能力。研究結果指出不論是氣質或是性別對學步期兒童的社會能力有相當的影響。以氣質因素來說，並非所有的

氣質類型都會產生影響，其中以趨避性、適應性和情緒本質較有相關。而以性別來說，女生又比男生具有較好的社會能力。

　　而性別之變項在探討兒童氣質的研究中，是最廣泛被探討的。從幼兒到青少年階段都發現男生的活動量比女生大（王秀枝，2003；賴嘉凰，1999；陳聖謨，1996；李美瑩，1994；王珮玲，1992），反應強度也較激烈（王秀枝，2003；賴嘉凰，1999；陳聖謨，1996；陳玉華，1981），不過在堅持度方面，男生比女生低，做事情比較容易半途而廢（李美瑩，1994；王珮玲，1992），且對外在的刺激較不敏感，即反應閾較女生來的低（李美瑩，1994；李鶯喬等人，1995）；而女生比男生可預性較高，生活較規律（王秀枝，2003；李美瑩，1994），適應力比男生強（王秀枝，2003；賴嘉凰，1999；李美瑩，1994；王珮玲，1992），情緒本質方面也較男生來的正向（王秀枝，2003；賴嘉凰，1999；李美瑩，1994）。但也有研究指出男女生在活動量（林瑞發，1988）、反應強度（林瑞發，1988）、適應度（林瑞發，1988；陳玉華，1981）、堅持度（林瑞發，1988）、規律性（賴嘉凰，1999；林瑞發，1988；陳玉華，1981）及反應閾（賴嘉凰，1999；陳玉華，1981）上是沒有性別差異的。

　　由上述文獻中發現雖然性別是最被廣泛探討的背景變項，但其結果的一致性卻不高，值得做進一步之探討，因此本研究亦將性別納入本研究之中。下表將上述提到之文獻作整理：

表 2-2-1　國內學者在探討氣質特性的性別變量上所得之結論

年份	研究者	研究主題	結論
1981	陳玉華	臺北市中山區及臺北縣泰山鄉三歲至七歲兒童氣質特徵之初步研究。	男生的反應強度較為女生來的激烈；在適應度及規律性則無性別差異。

1988	林瑞發	學前兒童行為與主要照顧者氣質特徵之相關研究。	男女在活動量、反應強度、適應度、堅持度及規律性上是沒有性別差異的。
1992	王珮玲	兒童氣質、父母教養方式與兒童社會能力關係之研究。	男生的活動量較為女生來的大，堅持度比女生低；女生的適應度比男生強。
1994	李美瑩	兒童學齡氣質、家庭氣氛與學業成績之相關。	男生的活動量較為女生來的大、在堅持度及反應閾則比女生低；女生的規律性較高，適應度比男生強，情緒本質也比男生來的正向。
1995	李鶯喬等人	臺北地區國中生氣質特徵之初步研究。	男生對外在的刺激不夠敏感，反應閾較女生來的低。
1996	陳聖謨	兒童早期境遇與期氣質、社會能力關係之研究。	男生的活動量、反應強度較為女生來的大且激烈。
1999	賴嘉凰	青少年氣質與父母管教態度對親子關係之影響。	男生的活動量、反應強度較為女生來的大且激烈；女生的適應力比男生強、情緒本質也比男生來的正向；而規律性和反應閾是沒有性別差異的。
2003	王秀枝	兒童氣質與知覺父母教養方式關係之研究。	男生的活動量、反應強度較為女生來的大且激烈；女生比男生可預性較高，生活較規律、適應力比男生強、情緒本質也比男生來的正向。

資料來源：研究者整理

二、家中手足成員

Stoneman 與 Brody（1993）的研究中以手足的氣質（其中包含兩項目：活動量及適應性）與手足間的關係來探討氣質的面向，含括手足正向／溫暖、負向／衝突、社會參與、角色不平衡、年長手足對溫暖衝突及權力的知覺，研究樣本為 67 對同性別及皆為學齡階段的手足。結果指出，當手足雙方產生較高的活動量時，或是較年長一方有較大的活動量時，就越容易產生衝突；而當手足雙方有較低活動量時，便不容易產生衝突。手足雙方感受到溫暖是在他們處於相似的活動量的時候。從社會參與來看，當年長的手足比年輕的手足更容易有適應性時，他們雙方越會投入社會的參與；而年輕的手足出現較低的適應性時，通常會知覺到越大的權力壓迫。研究中亦無意發現，手足間的年齡和性別的不同，對其氣質和其之間的互動關係來說是相當重要的要素，這意謂了要探討氣質與人際的關係，不可忽略了多種要素的影響。因為在人與人的相處過程當中，不單是只有一種因素會造成互動關係的差異，可能會有其他潛在或是不被發現的原因，深深地影響了關係的互動。

第三節　本章小結

在日常生活中，每個人都可以從自己本身找到經驗和功能。經驗是個人建構意義與認識世界的基礎。人們透過感覺作用與外界不斷接觸，再經由分類、記憶與連結，而形成意義的世界與經驗的世界（林秀珍，2007）。他就像腦部的神經通道被產生增強的行為所

活化,其會刺激神經細胞,使神經細胞軸突[2],擴散進入細胞外空間,同時作用於許多神經細胞的突觸,使突觸產生長期增益的效果(Carlson et al,2008)。

　　純粹的活動不能構成經驗,除非個人能夠知覺或發現行為與行為結果的關係,有意識地把行為和結果承受連結起來,經驗才算成立(Dewey, 1959)。藉由各類工作和活動引發個案自動自發的探索與反省思考;當主動思考的習慣一旦建立,個案面對新的環境條件時,就能隨時重組舊有經驗,將舊經驗改造創新,而不會只是機械式的重複過去的經驗(吳俊升,1984)。Dewey 重視生活經驗,他對生活保持一份誠懇、謙遜的態度。他也提到真誠的面對生活,不僅可以關照問題的來龍去脈,也能免除自閉與狹隘的視野。而人與自然具有連續性的親密關係,自然是人類生存的大環境(Dewey, 1959)。

　　教育的基本功能就是「適應與改造」,教育既要培養兒童生活適應能力,也要啟發改造生活的潛能(歐陽教,1997)。只要是教育性的活動,就必須達到將經驗品質直接轉化的立即目的,意味著經驗不斷更新與進步,教育就是將個案在活動中取得的經驗去蕪存菁,除惡牽善的歷程(Dewey, 1959)。所以「教育即生活」意味著教育應該具有生活實踐性,除了強調教育理論必須實實在在,不能天馬行空、言不及義之外,教材及授課方式也要讓個案感覺親切而不疏離。具體作法就是將學習內容與個案的生活經驗之間建立動態的關係網絡,當抽象的文字元號與知識概念有了生活關連性,個案對學習內容也容易產生意義感(林秀珍,2007)。

---

[2]　軸突:由神經元,即神經細胞的細胞本體長出突起,功能是傳遞細胞本體的動作電位至突觸。在神經系統中,軸突是主要的神經信號傳遞渠道。大量軸突牽連一起,以其外型類似而稱為神經纖維。神經常依以其特定功能而取名。

　　故綜合上述學者專家的研究與創意，本研究將園藝與音樂結合，讓兒童接觸自然，設計活動與兒童在幼稚園中學習的課題相互結合，達到動態連續性，且讓兒童在園藝實作及音樂活動中取得經驗及興趣，以獲得本研究之最佳效益。

第三章　研究方法

　　本章共分為五節：第一節研究流程與架構，第二節研究設計，第三節研究工具，第四節資料蒐集與分析，第五節研究之信效度。

第一節　研究流程與架構

　　本研究目的在探討以生命教育為主題的園藝及音樂活動，對幼童氣質發展的影響；於研究設計之活動中取得個案的前後氣質評估表及觀察訪談記錄，針對所蒐集來的質化與量化資料進行分析並得出研究結果。

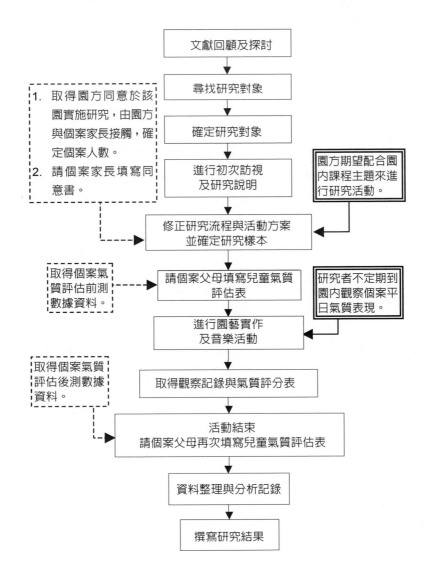

圖 3-1-1　研究流程與架構

第二節 研究設計

一、研究對象

　　本研究對象為符合兒童氣質評估表之三至七歲兒童，故選擇幼稚園小班之幼童；原有九名個案，其中有兩名個案中途離開該班級，故有效個案為七名，皆屬 4～5 歲幼童，並徵求家長同意填寫同意書後進行研究活動及觀察訪談。下表為個案背景分析：

表 3-2-1　　個案背景分析

個案編號	暱稱	年齡	性別	家中排行	個案特徵
1	小達	5	男	獨子	個性活潑；團體中的孩子王，善於展現自己。
2	小情	4	女	老大	恬靜溫和；做事情有自己的步調，反應較慢。
3	小奇	4	女	獨子	開朗常有笑容；時常在一旁觀察他人，臉上掛著若有所思的表情。
4	小樓	4	男	老大	開朗愛笑；對排斥的事物會有嘟嘴、傻笑回應的表現。
5	小新	4	男	獨子	非常活潑好動；大家的開心果，常常帶領大家一同起鬨。
6	小原	4	男	老麼	較害羞慢熟，但一旦熟悉以後，會表現的很熱情。
7	小美	5	女	老大	活潑且自主性高；對於新事物的好奇心很強，且樂於嘗試。

二、研究場域

　　本研究選於中部某私立幼稚園進行，園內設施除了教室及戶外遊樂場等基本設施外，還為每個班級準備小花圃做為教學之用。進行研究活動之教學場域選定於小班教室及戶外遊戲區。小班教室內光線充足，且具有寬敞的活動空間，內有水杯放置桌、白板、小方桌、個人用具櫃、圖書櫃、益智玩具櫃及樂器櫃；樂器種類有：響板、鈴鼓、沙鈴、手鈴、三角鐵。小班教室配置如下圖：

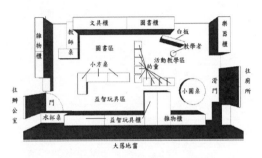

圖 3-2-1　　小班教室平面圖

　　戶外遊戲區則有洗手台、鞋櫃、遊戲屋、三輪腳踏車、四輪玩具車、休憩桌椅及小花圃；研究活動之園藝實作所使用的花圃為花圃 5、花圃 6。戶外遊戲區如下圖所示：

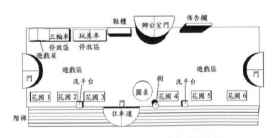

圖 3-2-2　　戶外遊戲區平面圖

三、活動設計內容與流程

　　研究之設計分為兩個部份，園藝實作及音樂活動；施行時間為 2009 年 6 月 12 日至 2009 年 9 月 11 日，每週五下午 3：30 至下午 4：30，共三個月；活動設計之日程如下：

表 3-2-2　　活動流程表

週次	日期	活動主題	活動內容
一	2009/06/12 pm3:30～pm4:30	歡迎歌教唱及種子栽培	1. 利用吉他、鍵盤樂器等教幼童唱活動之歡迎歌及再見歌。 2. 種子栽培（種植小蕃茄及向日葵）。 3. 再見歌。
二	2009/06/19 pm3:30～pm4:30	植物扦插	1. 歡迎歌。 2. 活動回顧。 3. 植栽認識：薄荷。 4. 薄荷扦插。 5. 再見歌。
三	2009/06/26 pm3:30～pm4:30	生命教育樂曲教唱──「感恩的心」、「真誠與奉獻」	1. 歡迎歌。 2. 活動回顧。 3. 生命教育樂曲教唱──「感恩的心」。 4. 生命教育樂曲教唱──「真誠與奉獻」。 5. 樂曲學習之展現。 6. 再見歌。

四	2009/07/03 pm3:30～pm4:30	植栽觀察及音樂活動	1. 歡迎歌。 2. 活動回顧。 3. 觀察前面活動所種植之植栽生長情形，且就生長情況及照顧方式作分享。 4. 複習「感恩的心」一曲。 5. 再見歌。
五	2009/07/10 pm3:30～pm4:30	製作草頭寶寶	1. 歡迎歌。 2. 活動回顧。 3. 草頭寶寶製作。 4. 製作心得分享。 5. 再見歌。
六	2009/07/24 pm3:30～pm4:30	心目中的小園地	1. 歡迎歌。 2. 活動回顧。 3. 回顧「感恩的心」一曲。 4. 以植物生長四要素繪製一畫作。 5. 畫作分享。 6. 再見歌。
七	2009/07/31 pm3:30～pm4:30	植栽園地規劃及移植	1. 歡迎歌。 2. 活動回顧。 3. 觀察植栽生長情形，並教導幼童移植方式及選擇移植之植栽。 4. 再見歌。
八	2009/08/14 pm3:30～pm4:30	八八水災之災後重建	1. 歡迎歌。 2. 活動回顧。 3. 說明植栽死亡原因並重建園地。 4. 再見歌。

九	2009/08/21 pm3:30～pm4:30	品德樂曲教唱——「父親真偉大」、「慈母恩」	1. 歡迎歌。 2. 活動回顧。 3. 主題分享——「感恩的心」一曲，幼童氣質展現，為歌曲即興編舞。 4. 樂曲教唱——「父親真偉大」。 5. 樂曲教唱——「慈母恩」。 樂曲學習之展現。 6. 再見歌。
十	2009/08/28 pm3:30～pm4:30	品德樂曲教唱——「老師！祝您永遠快樂！」	1. 歡迎歌。 2. 活動回顧。 3. 樂曲教唱——「老師！祝您永遠快樂！」 4. 樂曲學習之展現。 5. 主題故事：「老師的一日」。 6. 再見歌。
十一	2009/09/04 pm3:30～pm4:30	創造小花園	1. 歡迎歌。 2. 活動回顧。 3. 植栽方式回顧。 4. 讓幼童自行學習如何種植。（研究者僅口頭輔助） 5. 種植心得分享。 6. 再見歌。
十二	2009/09/11 pm3:30～pm4:30	心得發表及成果展現	1. 歡迎歌。 2. 活動回顧。 3. 成果展現——讓幼童自行種植植物。 4. 植栽問題搶答。 5. 活動總結分享。 6. 回顧活動教唱之樂曲。 7. 再見歌。

第三節　研究工具

本研究為個案研究，於研究活動執行前，先請個案家長填寫參加同意書，再於活動前後發放兒童氣質評估表給個案家長填寫，並且研究者於活動中，針對個案幼童之活動參與情形及九項氣質特性予以記錄之；藉由統計套裝軟體 SPSS（Statistical Product and Service Solutions）將兒童氣質評估表及活動觀察記錄評分表進行分析，取得研究結果。本節分為三部分，第一部分為兒童氣質評估表；第二部分為活動觀察記錄及評分表；第三部分為教具、教材與活動樂曲。

一、兒童氣質評估表

本研究採用台大醫院兒童心理衛生中心編定的學齡前「兒童氣質評估表」（徐澄清，1980；Hsu，1985）為測量工具，共有九項氣質特性，題數為 72 題，針對三至七歲兒童；每題皆以 7 分李克特量表評分：1 分為從不，2 分為非常少，3 分為偶而有一次，4 分為有時，5 分為時常，6 分為經常是，7 分為總是。九項氣質特性，分別敘述如下：（前後測問卷內容詳見附錄）

1.活動量（Activity Level）

指幼童是否能安靜的從事活動，或總是擺動或移動，例如：活動量大的幼童較無法安靜下來，時常爬上爬下，跑來跑去；活動量小的幼童則可以安靜下來聽教學者解說或唱歌。得分越高代表活動量越大。

2.規律性（Regularity）

評估幼童反覆性的生理機能。如：睡眠、用餐及上廁所等作息情況。規律性高的幼童時間及份量較固定；規律性低則較不固定。得分越高代表越規律。

3.趨避性（Approach/Withdrawal）

指幼童對新的人、事、物之反應。如：傾向於趨的幼童面對陌生人時較不會害羞；傾向於避的幼童則較怕生。得分越高代表趨避性越傾向於趨。

4.適應度（Adaptability）

指不論幼童的趨避性如何，其在面對新的人、事、物時之適應能力及適應時所花費的時間長短。例如：適應力高的幼童在面對陌生人時最初很害羞，但很快就能熟絡起來；適應力弱的幼童則需要數天來接觸才能適應。得分越高代表適應力越強。

5.反應強度（Intensity of Reaction）

指無論事物及反應的性質為何，其對事物的反應激烈程度。例如：當幼童遭遇挫折時，反應強度高的幼童情緒反應較大；反應強度低的則較不明顯。得分越高代表反應強度越高。

6.情緒本質（Positive or Negative Mood）

指幼童整體上所表現的情緒。例如：正向情緒本質的幼童若是玩遊戲時輸了會再接再厲或樂於接受結果，顯得樂觀且積極；負向情緒本質的幼童在玩遊戲時輸了則會放聲大哭或顯得很生氣。得分越高代表情緒本質越傾向於正。

7.堅持度（Persistence）

指無論幼童的情緒本質為何，當其正在或想要作某些事情時，若遭遇困難、障礙或挫折時，繼續維持原活動的傾向。堅持度高的孩子很固執，有時很可能令人頭疼；堅持度低的孩子一遇到困難就放棄。得分越高代表堅持度越高。

8.注意力分散（Distractibility）

指幼童是否容易受到外界刺激的幹擾而改變他正在進行的活動。例如：注意力易分散的幼童在心情不好時很容易逗他開心；注意力不易分散的幼童則需要花更多的心力才能使他開心起來。得分越高代表注意力越易被分散。

9.反應閾（Threshold of Responsiveness）

指幼童在產生反應時所需的刺激強度，即指察言觀色的能力。例如：反應閾高的幼童對食物的冷熱較為敏感；反應閾低的幼童則對溫度較不在乎。得分越高代表反應閾越高。

二、活動觀察記錄及評分表

針對研究設計之活動，對幼童作觀察紀錄之用，紀錄表內容包含今日活動主題、主題內容、準備材料、幼童活動表現記錄之評分欄、當週幼童氣質展現評分欄及個案活動情況描述（格式見附錄二）。

三、教具、教材與活動樂曲

本研究分為園藝實作及音樂活動，故在研究進行時，要準備適當的教具及設備來讓幼童參與活動，以下為本研究相關教具、教材及樂曲內容之列舉與描述。

1.教具及教材

園藝實作中所使用的教具，包括植物種子（向日葵、番茄、豌豆、百慕達草、鳳仙花等）、香草植物（薄荷）、植栽用三吋盆、培養土、有機肥料、花鏟、澆水器、絲襪、筷子、束線、報紙等。

音樂活動中所使用的教具有吉他、鈴鼓、沙鈴、響板、投影機、電腦、音樂播放器材。

2.研究活動中使用之樂曲（歌譜見附錄三）

本研究採用本書作者莊財福博士所創作之一系列「生命教育」推廣音樂歌曲，其為依據孝經：「移風易俗，莫善於樂」及儒家文化「天地君親師」五恩之重要精神為主題（引言於莊財福博士於淨化人心音樂社網站所述）。

（1）歡迎歌：每次開始進行活動前，以它建立幼童的秩序及規則感，藉由每次的歡迎歌讓幼童知道即將要開始上課為目的，進而引導幼童產生參與活動之動機。

（2）再見歌：與歡迎歌的旋律相同，目的與其略同，僅是再見歌代表今天的活動已經要結束。

（3）感恩的心：以儒家五恩中的「天地」為主題，將天空、綠地、流水及生物的景象化作歌詞，並藉由投影片引導幼童瞭解歌詞意境，此歌曲為提出本研究精神之曲。

（4）真誠與奉獻：以儒家五恩中的「君」為主題，將人們努力打拼與無私奉獻的心提出，並藉由投影片讓幼童瞭解歌詞意境與傳達之意涵。

（5）父親您真偉大：以儒家五恩中的「親」為主題，此歌曲分為兩部分，第一部分為小孩表達對父親之感謝；第二部分為父親回應小孩之心意。

（6）慈母恩：以儒家五恩中的「親」為主題，以慈愛為歌曲之意涵，來傳達母親的意象讓幼童心存感恩。

（7）老師祝您永遠快樂：以儒家五恩中的「師」為主題，歌詞中將老師比喻成「天使」、「燈塔」，形容老師如其般的陪伴在身邊呵護、指引著自己。此歌曲分為三部分，第一部分是幼稚園及國小版；第二部分為國中及高中版；第三部分為大學及以上版本。本研究活動採用第一部分。

第四節　資料分析方法

本研究為園藝實作及音樂活動，為瞭解幼童於活動後，其氣質之轉變的情況，利用兒童氣質評估表來取得前後測之數據資料，並藉由活動間對幼童的觀察，予以記錄之。所得之質化資料為研究觀察所攝之照片及活動觀察所得之記錄；量化資料為：1.兒童氣質評估表、2.活動觀察紀錄及評分表中的評分部分。質化資料分析方式為藉由量化資料分析後顯示之氣質展現，對照質化資料之記錄表現，得出幼童在研究活動後，其氣質轉變之實際情況，進而瞭解園藝實作結合音樂活動對幼童氣質發展之影響。其中量化資料之計分方式如下：

一、兒童氣質評估表之計分方式

兒童氣質評估表有九項氣質特性，分別為：1.活動量、2.規律性、3.趨避性、4.適應度、5.反應強度、6.情緒本質、7.堅持度、8.注意力分散及 9.反應閾，題數為 72 題，針對三至七歲兒童；每題皆以 7 分李克特量表評分：1 分為從不，2 分為非常少，3 分為偶而有一次，4 分為有時，5 分為時常，6 分為經常是，7 分為總是。

依照氣質評估表中九項氣質特性，每項皆有 8 題不同情況的問題，本研究將其整理後，如下表所示：

表 3-4-1　兒童氣質評估表之題目類型分析

氣質特性	定義	題號	題目
活動量	指兒童是否能安靜的從事活動，或總是擺動或移動。	1	洗澡時，把水潑的到處都是，玩的很活潑。
		18	不論在室內或室外活動，寶寶常用跑的而少用走的。
		24	在遊樂場玩時，很活躍，定不下來，會不斷地跑，爬上爬下，或擺動身體。
		34*	會安靜地坐著聽人家唱歌，或聽人家讀書，或聽人家說故事；人家唱歌、讀書、說故事時，他會安靜地坐著。
		45	天氣不好，必須留在家裡時，會到處跑來跑去，對安靜的活動不感興趣。
		53*	能夠安靜地坐下來看完整個兒童影片、棒球賽、電視長片等。
		60*	到戶外（公園或遊樂場）活動時，他會靜靜地自己玩。

		64*	喜歡做些較安靜的活動,例如:勞作、看書、看電視等。
規律性	評估兒童反覆性的生理機能。	6	每天定時上廁所。
		13	每天要定時吃點心。
		20	每天上床後,差不多一定的時間就會睡著。
		31*	晚上的睡眠時數不一定,時多時少。
		38*	每天肚子餓的時間不一定。
		47*	每天食量不定,有時吃的多,有時吃的少。
		55	星期假日的早上,他仍像平常一樣按時起床。
		70	吃飯的時間延遲一小時或一小時以上也不在乎。
趨避性	指兒童對新的人、事、物之反應。	4*	對陌生的大人會感到害羞。
		10*	遇到陌生的小朋友時,會感到害羞。
		21	喜歡嘗試吃新的食物。
		30	到公園或別人家玩時,會去找陌生的小朋友玩。
		42	和家人去旅行時,很快地就能適應新環境。
		46	對來訪的陌生人,會立刻友善地打招呼,會和陌生人接近。
		62*	第一次到媽媽不在的新環境中(例如:學校、幼稚園、音樂班)時,會表現煩燥不安。
		66*	寧願穿舊衣服,而不喜歡穿新衣服。

		7	以前不喜歡吃的東西，現在願意吃。
適應度	指不論兒童的趨避性如何，其在面對新的人、事、物時之適應能力及適應時所花費的時間長短。	15	到別人家裡，只要去過二、三次後，就會很自在。
		25*	如果他拒絕某些事，例如理髮、梳頭、洗頭等，經過幾個月後，他仍會表示抗拒。
		33	對陌生的大人，如果感到害羞的話，很快地（約半小時之內），就能克服。
		40*	和父母在外過夜時，在不同的床上不易入睡，甚至持續幾個晚上還是那樣。
		51*	在新環境中（例如：上托兒所、幼稚園或小學）二、三天後仍無法適應。
		59	日常活動有所改變時，（例如：因故不能去上學或每天固定的活動改變）很容易就能適應。
		68*	對於和自己家裡不同的生活習慣很難適應。
反應強度	指不論事物及反應的性質為何，兒童對事物的反應激烈程度。	8	反應很明顯，喜歡的很喜歡，不喜歡的很不喜歡。
		16	做事做得不順利時，會把東西摔在地上，大哭大鬧。
		27*	玩得正高興而被帶開時，他只是輕微的抗議，哼幾聲就算了。
		35*	當父母責罵他時，他只有輕微的反應，例如：只是小聲的哭或抱怨，而不會大哭大叫。
		43	和家人一起上街買東西時，如果父母不給他買要的東西（例如：糖果、玩具、或衣服），便會大哭大鬧。
		54	不喜歡穿某件衣服時，會大吵大鬧。

		61*	玩具被搶時,只是稍微的抱怨而已。
		69*	對於每天所遭遇的事情,反應不強烈。
情緒本質	指兒童整體上所表現的情緒。	2	和其他小朋友玩在一起時,顯得很高興。
		14	當寶寶談到一些當天所發生的事情時,會顯得興高采烈。
		19	喜歡和大人上街買東西。(例如上市場或百貨公司或超級市場)。
		29*	和別的小孩子一起玩,會不友善的和他們爭論。
		41	盼望去上托兒所、幼稚園或小學。
		50*	如果他喜歡的玩具壞了或遊戲被中斷了,會顯得不高興。
		56*	當事情進行得不順利時,他會向父母抱怨別的小朋友(說其他小孩的不是)。
		65*	一起玩遊戲輸時,很容易懊惱或表現不快樂。
堅持度	指無論兒童的情緒本質為何,當其正在或想要做某些事情時,若遭遇困難、障礙或挫折時,繼續維持原活動的傾向。	5	做一件事時,例如:畫圖、拼圖、作模型等,不論花多少時間,一定要作完才肯罷休。
		12*	如果不准寶寶穿他自己選擇的衣服,他很快的就能接受媽媽要他穿的衣服。
		22*	當媽媽很忙,無法陪他時,他會走開去做別的事,而不會一直纏著媽媽。
		28	經常提醒父母答應他的事(例如什麼時候帶他去那裡玩)。
		37	學習一項新的體能活動時(例如溜冰、騎腳踏車、跳繩子等)肯花很多時間練習。

		48*	玩一種玩具或遊戲活動時，碰到困難時，很快地就會換別的玩具或活動。
		58*	他的生氣或懊惱很快就會過去。
		72	寶寶做事時，雖然給他一些建議或協助，卻仍然要依照自己的意思做。
注意力分散	指兒童是否容易到外界刺激的幹擾而改變其正在進行的活動。	9	心情不好時，可以很容易地用笑話逗他開心。
		17	逛街時，他很容易接受大人用別的東西取代他想要的玩具或糖果。
		26*	當他在玩一樣喜歡的玩具時，對突然的聲音或身旁他人的活動不太注意，頂多只是抬頭看一眼而已。
		36*	生氣時，很難移轉他的注意力。
		44*	煩惱時，很難撫慰使情緒安定。
		52	雖然不喜歡某些事，例如：剪頭髮、梳頭等，但是一邊看電視或一邊逗他時，可以接受這些事。
		63*	開始玩一樣東西時，很難移轉他的注意力，使他停下來。
		71	煩惱時，給他做別的事，可以使他煩惱忘記。
反應閾	指兒童在產生反應時所需的刺激強度，即指對事物察覺的敏感度。	3	嗅覺靈敏，對一點點不好聞的味道，很快地就感覺到。
		11*	不在乎很大的聲音，例如：其他人都抱怨電視機或收音聲音太大時，他好像不在乎。
		23	很快地注意到各種不同的顏色。
		32*	對食物的冷熱不在乎。

		39	對光線明暗的改變相當敏感。
		49*	不在乎室內、室外的溫度差異。
		57	對衣服太緊,會刺人或不舒服相當敏感,且會抱怨。
		67*	身體弄髒或弄濕時,並不在乎。

*:該題得分為負分。

資料來源:本研究整理自台大醫院兒童心理衛生中心——兒童氣質評估表。

二、活動觀察記錄及評分表之計分方式

　　紀錄表內容包含今日活動主題、準備之材料清單、對幼童活動表現之評分欄、當週幼童個案活動表現情況及氣質展現評分欄等;其中幼童活動表現情況有四項:1.唱歡迎歌、2.活動參與、3.活動反應及4.唱再見歌;每題皆以7分李克特量表評分:1分為無反應,2分為冷漠,3分為稍冷漠,4分為普通,5分為稍熱絡,6分為熱絡,7分為非常融入。而氣質展現評分欄之氣質特性定義與兒童氣質評估表之定義及評分方式相同。

　　幼童氣質展現評分之項目則與兒童氣質評估表之九個氣質特性之計分相同。下表將對記錄及評分表之項目作描述:

表 3-4-2　　活動記錄及評分表之項目分析

項目	定義	觀察行為項目	得分說明（1～7）
歡迎歌	每週活動開始時，固定歌曲唱遊時間。	1. 兒童能開口跟著一起唱。	
		2. 肢體隨音樂擺動。	
活動參與	兒童於每週活動時的參與情況。	1. 兒童樂於參與活動。	
		2. 兒童能確實執行活動主題的動作。	無反應至非常融入
反應回饋	兒童於每週活動時的經驗分享時間。	1. 兒童樂意與大家分享活動感想。	
		2. 兒童對活動的提問能予以回答。	
		3. 兒童在活動中能給予建議或當起小老師的角色。	
再見歌	每週活動結束時，固定歌曲唱遊時間。	1. 兒童能開口跟著一起唱。	無反應至非常融入
		2. 肢體隨音樂擺動。	
活動量	指兒童是否能安靜的從事活動，或總是擺動或移動。	1. 活動進行時，兒童總是跑跳、嬉鬧。	小至大
		2. 不論室內或戶外活動，兒童常用跑的而少用走的。	
規律性	評估兒童反覆性的生理機能。	1. 活動中定時上廁所。	不規律至非常規律
		2. 活動中說要喝水。	
		3. 活動進行中喊著要去廁所。	
趨避性	指兒童對新的人、事、物之反應。	1. 對陌生的大人會感到害羞。	躲避至趨近
		2. 兒童在接觸新的活動時，樂意嘗試並執行動作。	

		3. 對來訪的陌生人，會立刻友善的打招呼，或主動與其接近。	
適應度	指不論兒童的趨避性如何，其在面對新的人、事、物時之適應能力及適應時所花費的時間長短。	1. 活動項目執行過二、三次後，就能上手。 2. 如果兒童拒絕某種動作，隔一段時間後，會願意嘗試。 3. 對陌生的人，若是開始時感到害羞，很快地就能克服。	不適應至非常適應
反應強度	指不論事物及反應的性質為何，兒童對事物的反應激烈程度。	1. 反應很明顯，喜歡的就很喜歡，不喜歡的很不喜歡。 2. 對外界事物，其反應（如：肢體擺動、情緒起伏）很大。	弱至強
情緒本質	指兒童整體上所表現的情緒。	1. 和其他兒童玩在一起時，顯得很高興。 2. 會期待下次的活動到來。	憂鬱至積極
堅持度	指無論兒童的情緒本質為何，當其正在或想要做某些事情時，若遭遇困難、障礙或挫折時，繼續維持原活動的傾向。	1. 當兒童在活動之操作中遇到困難時，會繼續嘗試。 2. 請兒童執行動作時，雖給他一些建議或協助，卻仍然要依照自己的意思做。	不堅持至非常堅持
注意力分散	指兒童是否容易到外界刺激的幹擾而改變其正在進行的活動。	1. 教學者在說明活動時，兒童會被外界刺激而分散注意力。 2. 煩惱時，讓兒童做別的事，可以使他將煩惱忘記。	集中至分散

		3. 活動進行時，兒童無法專注於活動中。	
反應閾	指兒童在產生反應時所需的刺激強度，即指對事物察覺的敏感度。	1. 活動中兒童被泥土或水沾到時，很快就會拍掉或擦乾。	敏感度低至敏感度高
		2. 兒童對能察覺室內、室外溫度差異。	
		3. 兒童很在乎音樂或環境的音量大小。	

本研究之資料以 SPSS 統計套裝軟體進行相關性統計分析，統計方式如下：

1. 次數分配、百分比：本研究之人口背景變項、幼兒氣質類型在個案類型上以次數分配及百分比表示。
2. 平均值±標準偏差：本研究個案之人口背景變項、幼兒氣質特性以平均值±標準偏差表示。
3. t 檢定：比較本研究對象之性別與獨生子女與否，在不同人口背景變項下，氣質特性之差異。

第五節　研究之信效度

為加強本研究之信效度來提高研究資料收集之真實性及研究結果之真實度，本研究將研究對象的感受及活動中獲得之經驗轉換成文字陳述，並注重研究倫理，從研究過程獲得值得信賴的資料（潘淑滿，2005），以下就研究信效度進行描述。

一、兒童氣質評估表之常模

常模：針對臺北市中山區臺北縣泰山鄉 1931 位三歲至七歲的兒童，男女約各半，建立初步常模，原評估表之再測信度為 0.89，內部一致性信度為 0.84。陳玉華（1981）的研究中，再測信度為 0.38 至 0.73。

二、專家訪談及討論

活動方案設計部分，由本書作者莊財福博士擔任主要課程教學者及教案設計指導者，並與幼稚園園長共同討論與設計，為本研究提出最佳且適合個案之活動方案。

三、活動觀察之標準

在進行活動前，觀察員就記錄項目先行討論並找出適宜的項目定義，活動後之記錄再透過同儕驗證方式取得一致性，提高本研究之信效度。

四、運用數位機器記錄資料

活動過程經同意後，研究者運用數位攝錄機器詳實拍攝每次的活動情況，活動後將記錄取得之資料與園方討論。

第四章　研究結果

　　本研究個案經過以生命教育為主題的園藝實作及音樂活動後，研究者將氣質評估表及觀察記錄進行分析整理，其研究結果有四部分，分別為：研究個案之背景及九項氣質特性、個案之氣質分析、個案在研究活動後之氣質變化、園藝實作結合音樂活動與個案氣質特性之關係。

第一節　研究個案之背景及氣質特性分析

　　本研究之個案平均年齡為 4.2 歲、57％為男孩、43％為獨子（如表 4-1-1）。

表 4-1-1　　個案背景

年齡（歲）			4.2±0.39*	
性別（人）		男	4	57%
		女	3	43%
家中獨子（人）		獨子	3	43%
		非獨子	4	57%

＊：Data are given as mean±SD or number（Percentage）

所有個案的九項氣質特性之平均值及標準偏差,如下表:

表 4-1-2　個案平均之氣質表現

氣質項目	平均得分	標準偏差
活動量(Activity Level)	3.88	±0.48
規律性(Regularity)	4.73	±0.37
趨避性(Approach/Withdrawal)	5.13	±0.61
適應度(Adaptability)	5.11	±0.60
反應強度(Intensity of Reaction)	4.50	±0.47
情緒本質(Positive or Negative Mood)	4.75	±0.27
堅持度(Persistence)	4.56	±0.58
注意力分散(Distractibility)	3.86	±0.49
反應閾(Threshold of Responsiveness)	3.53	±0.63

由表得知從 Thomas 與 Chess(1990)的研究分類中發現,本研究個案偏屬於安樂型的兒童,因其氣質特性中的規律性、趨避性、適應度、反應強度、情緒本質中,有三項氣質達到其標準。

第二節　個案之氣質分析

本節分為兩部分,第一部分活動氣質表現:將個案在 12 週活動中所觀察記錄之氣質情況,以長條圖方式呈現,並藉由其圖形的線性回歸直線之斜率,來瞭解個案在活動前後之氣質轉變(研究活動之文字記錄請見附錄四);第二部分個案氣質特性之轉變:依據個案前後測成績與 12 週活動之平均氣質表現來分析,找出較明顯之轉變,並加以描述之。

一、個案一小達

1.活動氣質表現

　　小達在經過 12 週的九項氣質特性表現如圖所示：（小達在第五週時因協助幼稚園畢業典禮事宜，故無予以記錄。）

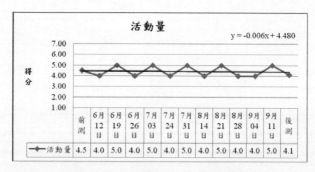

圖 4-2-1　　個案一之活動量表現

　　小達在經過 12 週的活動後，其活動量的回歸直線斜率為 -0.006。最大值為 5，發生於 6 月 19 日、7 月 3 日、7 月 31 日、8 月 21 日、9 月 11 日；最小值為 4，發生於 6 月 12 日、6 月 26 日、7 月 24 日、8 月 14 日、8 月 28 日、9 月 4 日。從圖 4-2-1 中發現，小達在經過 12 週的活動後，其活動量為下降的情況，且活動前後氣質差異不明顯（差異較明顯者為斜率 > $|0.1|$ 及差異顯著者為斜率 > $|0.15|$）。

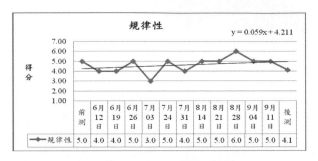

圖 4-2-2　　個案一之規律性表現

　　小達在經過 12 週的活動後，其規律性的回歸直線斜率為
0.059。最大值為 6，發生於 8 月 28 日；最小值為 3，發生於 7 月 3
日。從圖 4-2-2 中發現，小達在經過 12 週的活動後，其規律性為
上升的情況，且活動前後氣質差異不明顯（差異較明顯者為斜率＞
│0.1│及差異顯著者為斜率＞│0.15│）。

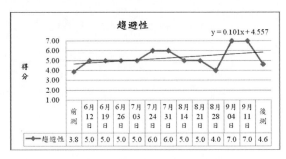

圖 4-2-3　　個案一之趨避性表現（缺第 5 週）

　　小達在經過 12 週的活動後，其趨避性的回歸直線斜率為
0.101。最大值為 7，發生於 9 月 4 日；最小值為 4，發生於前測時。
從圖 4-2-3 中發現，小達在經過 12 週的活動後，其趨避性為上升
的情況，且活動前後氣質差異較明顯（差異較明顯者為斜率＞
│0.1│及差異顯著者為斜率＞│0.15│）。

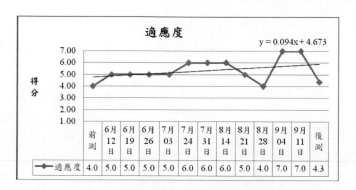

圖 4-2-4 個案一之適應度表現

小達在經過 12 週的活動後,其適應度的回歸直線斜率為 0.094。最大值為 7,發生於 9 月 4 日、9 月 11 日;最小值為 4,發生於前測時、8 月 28 日。從圖 4-2-4 中發現,小達在經過 12 週的活動後,其適應度為上升的情況,且活動前後氣質差異不明顯(差異較明顯者為斜率 > │0.1│及差異顯著者為斜率 > │0.15│)。

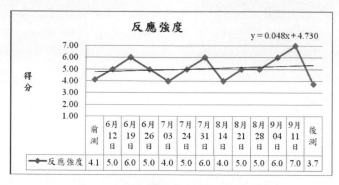

圖 4-2-5 個案一之反應強度表現

小達在經過 12 週的活動後,其反應強度的回歸直線斜率為 0.048。最大值為 7,發生於 9 月 11 日;最小值為 3.75,發生於後

測時。從圖 4-2-5 中發現，小達在經過 12 週的活動後，其反應強度為上升的情況，且活動前後氣質差異不明顯（差異較明顯者為斜率＞│0.1│及差異顯著者為斜率＞│0.15│）。

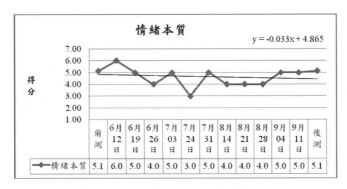

圖 4-2-6　　個案一之情緒本質表現

小達在經過 12 週的活動後，其情緒本質的回歸直線斜率為 -0.033。最大值為 6，發生於 6 月 12 日；最小值為 3，發生於 7 月 24 日。從圖 4-2-6 中發現，小達在經過 12 週的活動後，其情緒本質為下降的情況，且活動前後氣質差異不明顯（差異較明顯者為斜率＞│0.1│及差異顯著者為斜率＞│0.15│）。

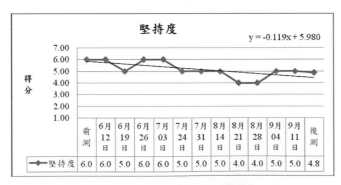

圖 4-2-7　　個案一之堅持度表現

　　小達在經過 12 週的活動後，其堅持度的回歸直線斜率為-0.119。最大值為 6，發生於前測時、6 月 12 日、6 月 26 日、7 月 3 日；最小值為 4，發生於 8 月 21 日、8 月 28 日。從圖 4-2-7 中發現，小達在經過 12 週的活動後，其趨避性為下降的情況，且活動前後氣質差異較明顯（差異較明顯者為斜率＞∣0.1∣及差異顯著者為斜率＞∣0.15∣）。

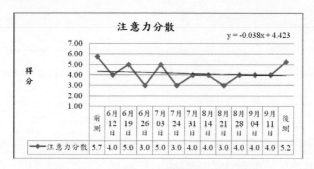

圖 4-2-8　　個案一之注意力分散表現

　　小達在經過 12 週的活動後，其注意力分散的回歸直線斜率為-0.038。最大值為 5.75，發生於前測時；最小值為 3，發生於 6 月 26 日、7 月 24 日、8 月 21 日。從圖 4-2-8 中發現，小達在經過 12 週的活動後，其注意力分散情況為下降的情況，且活動前後氣質差異不明顯（差異較明顯者為斜率＞∣0.1∣及差異顯著者為斜率＞∣0.15∣）。

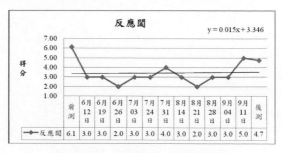

圖 4-2-9　　個案一之反應閾表現

小達在經過 12 週的活動後，其反應閾的回歸直線斜率為 0.015。最大值為 6.12，發生於前測時；最小值為 2，發生於 6 月 26 日、8 月 21 日。從圖 4-2-9 中發現，小達在經過 12 週的活動後，其反應閾為上升的情況，且活動前後氣質差異不明顯（差異較明顯者為斜率＞│0.1│及差異顯著者為斜率＞│0.15│）。

2.個案氣質特性之轉變

從前一部分可看出，小達經由 12 週之園藝實作及音樂活動後，氣質特性依照轉變之差異值大小排序，前三名有堅持度、趨避性及適應度；在堅持度上，小達在 1～8 週時的表現屬於較高的得分，經過研究活動後漸漸地小達在面對挫折或不開心時，不僅只是對活動感興趣，在活動參與上也相當熱絡，活動中所教的種植方法和植栽的注意事項，都能很快的反應並給予建議，且小達在活動中分享心得的頻率也是最高的。下表為小達在活動中的氣質特性表現：

表 4-2-1　個案一氣質特性

氣質項目	個案一（n=13*）	
	平均得分	標準偏差
活動量（Activity Level）	4.43	±0.47
規律性（Regularity）	4.63	±0.73
趨避性（Approach/Withdrawal）	5.27	±0.94
適應度（Adaptability）	5.34	±0.94
反應強度（Intensity of Reaction）	5.07	±0.93
情緒本質（Positive or Negative Mood）	4.63	±0.75
堅持度（Persistence）	5.14	±0.66
注意力分散（Distractibility）	4.15	±0.85
反應閾（Threshold of Responsiveness）	3.45	±1.15

*n:含前後測之活動週數

二、個案二小情

1.活動氣質表現

小情在經過 12 週的九項氣質特性表現如圖所示：

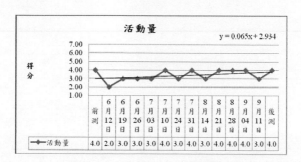

圖 4-2-10　個案二之活動量表現

小情在經過 12 週的活動後，其活動量的回歸直線斜率為 0.065。最大值為 4，發生於前測時、7 月 10 日、7 月 31 日、8 月 21 日、9 月 4 日、後測時；最小值為 2，發生於 6 月 12 日。從圖 4-2-10 中發現，小情在經過 12 週的活動後，其活動量為上升的情況，且活動前後氣質差異不明顯（差異較明顯者為斜率＞│0.1│及差異顯著者為斜率＞│0.15│）。

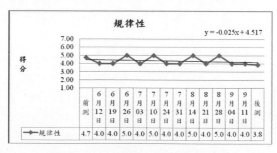

圖 4-2-11　個案二之規律性表現

小情在經過 12 週的活動後，其規律性的回歸直線斜率為-0.025。最大值為 5，發生於 6 月 26 日、8 月 14 日、8 月 28 日、後測時；最小值為 3.88，發生於後測時。從圖 4-2-11 中發現，小情在經過 12 週的活動後，其規律性為下降的情況，且活動前後氣質差異不明顯（差異較明顯者為斜率＞│0.1│及差異顯著者為斜率＞│0.15│）。

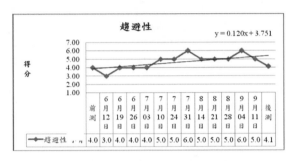

圖 4-2-12　個案二之趨避性表現

小情在經過 12 週的活動後，其趨避性的回歸直線斜率為 0.120。最大值為 6，發生於 7 月 31 日、9 月 4 日；最小值為 3，發生於 6 月 12 日。從圖 4-2-12 中發現，小情在經過 12 週的活動後，其趨避性為上升的情況，且活動前後氣質差異較明顯（差異較明顯者為斜率＞│0.1│及差異顯著者為斜率＞│0.15│）。

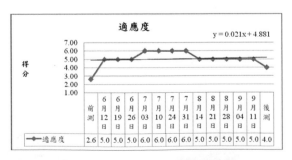

圖 4-2-13　個案二之適應度表現

　　小情在經過 12 週的活動後，其適應度的回歸直線斜率為 0.021。
最大值為 6，發生於 7 月 3 號、7 月 10 日、7 月 24 日、7 月 31 日；
最小值為 2.63，發生於前測時。從圖 4-2-13 中發現，小情在經過 12
週的活動後，其適應度為上升的情況，且活動前後氣質差異不明顯
（差異較明顯者為斜率＞｜0.1｜及差異顯著者者為斜率＞｜0.15｜）。

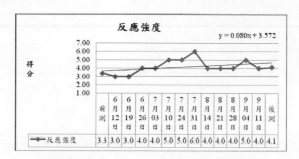

圖 4-2-14　　個案二之反應強度表現

　　小情在經過 12 週的活動後，其反應強度的回歸直線斜率為
0.080，。最大值為 6，發生於 7 月 31 日；最小值為 3，發生於 6
月 12 日、6 月 19 日。從圖 4-2-14 中發現，小情在經過 12 週的活
動後，其反應強度為上升的情況，且活動前後氣質差異不明顯（差
異較明顯者為斜率＞｜0.1｜及差異顯著者者為斜率＞｜0.15｜）。

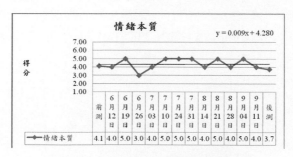

圖 4-2-15　　個案二之情緒本質表現

　　小情在經過 12 週的活動後，其情緒本質的回歸直線斜率為
0.009。最大值為 5，發生於 7 月 10 日、7 月 24 日、7 月 31 日、8
月 21 日、9 月 4 日、後測時；最小值為 3，發生於 6 月 26 日。從
圖 4-2-15 中發現，小情在經過 12 週的活動後，其情緒本質為上
升的情況，且活動前後氣質差異不明顯（差異較明顯者為斜率＞
│0.1│及差異顯著者為斜率＞│0.15│）。

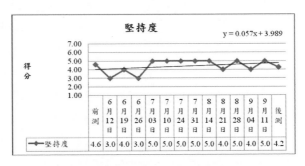

圖 4-2-16　個案二之堅持度表現

　　小情在經過 12 週的活動後，其堅持度的回歸直線斜率為
0.057。最大值為 5，發生於 7 月 3 日、7 月 10 日、7 月 24 日、7
月 31 日、8 月 14 日、8 月 28 日、9 月 11 日；最小值為 3，發生
於 6 月 12 日、6 月 26 日。從圖 4-2-16 中發現，小情在經過 12
週的活動後，其堅持度為上升的情況，且活動前後氣質差異不明
顯（差異較明顯者為斜率＞│0.1│及差異顯著者為斜率＞
│0.15│）。

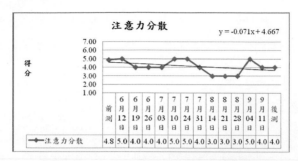

圖 4-2-17 個案二之注意力分散表現

　　小情在經過 12 週的活動後，其注意力分散的回歸直線斜率為
-0.071。最大值為 5，發生於 6 月 12 日、7 月 10 日、7 月 24 日、9
月 4 日；最小值為 3，發生於 8 月 14 日、8 月 21、8 月 28 日。從
圖 4-2-17 中發現，小情在經過 12 週的活動後，其注意力分散為下
降的情況，且活動前後氣質差異不明顯（差異較明顯者為斜率＞
│0.1│及差異顯著者為斜率＞│0.15│）。

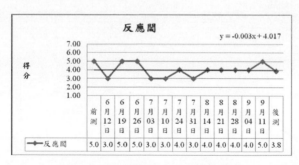

圖 4-2-18 個案二之反應閾表現

　　小情在經過 12 週的活動後，其反應閾的回歸直線斜率為
-0.003。最大值為 5，發生於前測時、6 月 19 日、6 月 26 日、9 月
11 日；最小值為 3，發生於 6 月 12 日、7 月 3 日、7 月 10 日、7

月 31 日。從圖 4-2-18 中發現，小情在經過 12 週的活動後，其反應閾為下降的情況，且活動前後氣質差異不明顯（差異較明顯者為斜率 > │0.1│及差異顯著者為斜率 > │0.15│）。

2.個案氣質特性之轉變

從前一部分可看出，小情經由 12 週之園藝實作及音樂活動後，氣質特性依照轉變之差異值大小排序，前三名有趨避性、反應強度及注意力分散；第一週時小情屬於較害羞、表達能力較低的幼童，且對活動的參與並不熱絡；但在經過 12 週的活動後，小情變得樂於參與活動，臉上表情也可以看到開心大笑的反應，對人亦變得會主動接觸較不怕生了。下表為小情在活動中的氣質特性表現：

表 4-2-2　　個案二氣質特性

氣質項目	個案二（n=14*）	
	平均得分	標準偏差
活動量（Activity Level）	3.43	±0.62
規律性（Regularity）	4.33	±0.47
趨避性（Approach/Withdrawal）	4.65	±0.80
適應度（Adaptability）	5.04	±0.87
反應強度（Intensity of Reaction）	4.18	±0.80
情緒本質（Positive or Negative Mood）	4.35	±0.62
堅持度（Persistence）	4.42	±0.71
注意力分散（Distractibility）	4.13	±0.73
反應閾（Threshold of Responsiveness）	3.99	±0.76

*n:含前後測之活動週數

三、個案三小奇

1.活動氣質表現

小奇在經過 12 週的九項氣質特性表現如圖所示：（小奇在第 8 週時請假未上學，故無予以記錄。）

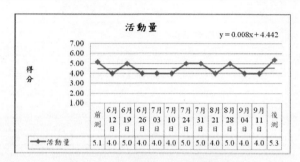

圖 4-2-19　個案三之活動量表現

小奇在經過 12 週的活動後，其活動量的回歸直線斜率為 0.008。最大值為 5.38，發生於後測時；最小值為 4，發生於 6 月 12 日、6 月 26 日、7 月 3 日、7 月 10 日、8 月 21 日、9 月 4 日、9 月 11 日。從圖 4-2-19 中發現，小奇在經過 12 週的活動後，其活動量為上升的情況，且活動前後氣質差異不明顯（差異較明顯者為斜率＞│0.1│及差異顯著者為斜率＞│0.15│）。

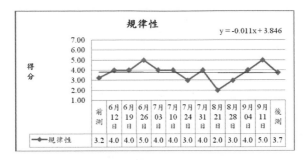

圖 4-2-20　個案三之規律性表現

　　小奇在經過 12 週的活動後，其規律性的回歸直線斜率為 -0.011。最大值為 5，發生於 6 月 26 日、9 月 11 日；最小值為 2，發生於 8 月 21 日。從圖 4-2-20 中發現，小奇在經過 12 週的活動後，其規律性為下降的情況，且活動前後氣質差異不明顯（差異較明顯者為斜率＞∣0.1∣及差異顯著者為斜率＞∣0.15∣）。

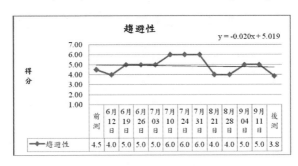

圖 4-2-21　個案三之趨避性表現

　　小奇在經過 12 週的活動後，其趨避性的回歸直線斜率為 -0.020。最大值為 6，發生於 7 月 10 日、7 月 24 日、7 月 31 日；最小值為 3.88，發生於後測時。從圖 4-2-21 中發現，小奇在經過 12 週的活動後，其趨避性為下降的情況，且活動前後氣質差異不明顯（差異較明顯者為斜率＞∣0.1∣及差異顯著者為斜率＞∣0.15∣）。

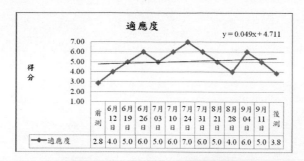

圖 4-2-22　個案三之適應度表現

　　小奇在經過 12 週的活動後，其適應度的回歸直線斜率為 0.049。最大值為 7，發生於 7 月 24 日；最小值為 2.88，發生於前測時。從圖 4-2-22 中發現，小奇在經過 12 週的活動後，其適應度為上升的情況，且活動前後氣質差異不明顯（差異較明顯者為斜率 > │0.1│及差異顯著者為斜率 > │0.15│）。

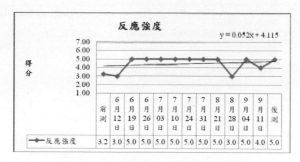

圖 4-2-23　個案三之反應強度表現

　　小奇在經過 12 週的活動後，其反應強度的回歸直線斜率為 0.052。最大值為 5，發生於 6 月 19 日、6 月 26 日、7 月 3 日、7 月 10 日、7 月 24 日、7 月 31 日、8 月 21 日、後測時；最小值為 3，發生於 6 月 12 日、8 月 28 日。從圖 4-2-23 中發現，小奇在經過

12 週的活動後，其趨避性為上升的情況，且活動前後氣質差異不明顯（差異較明顯者為斜率＞│0.1│及差異顯著者為斜率＞│0.15│）。

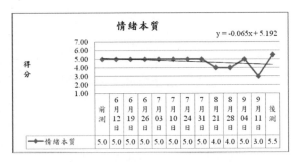

圖 4-2-24　個案三之情緒本質表現

小奇在經過 12 週的活動後，其情緒本質的回歸直線斜率為 -0.065。最大值為 5.5，發生於後測時；最小值為 3，發生於 9 月 11 日。從圖 4-2-24 中發現，小奇在經過 12 週的活動後，其情緒本質為上升的情況，且活動前後氣質差異不明顯（差異較明顯者為斜率＞│0.1│及差異顯著者為斜率＞│0.15│）。

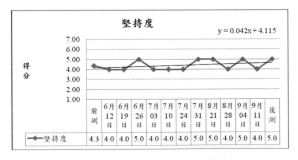

圖 4-2-25　個案三之堅持度表現

　　小奇在經過 12 週的活動後，其堅持度的回歸直線斜率為
0.042。最大值為 5，發生於 6 月 26 日、7 月 31 日、8 月 21 日、9
月 4 日、後測時；最小值為 4，發生於 6 月 12 日、6 月 19 日、7
月 3 日、7 月 10 日、7 月 24 日、8 月 28 日、9 月 11 日。從圖 4-2-25
中發現，小奇在經過 12 週的活動後，其堅持度為上升的情況，且
活動前後氣質差異不明顯（差異較明顯者為斜率＞│0.1│及差異顯
著者為斜率＞│0.15│）。

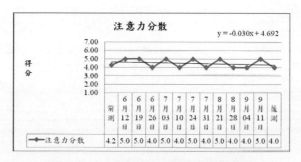

圖 4-2-26　個案三之注意力分散表現

　　小奇在經過 12 週的活動後，其注意力分散的回歸直線斜率為
-0.030。最大值為 5，發生於 6 月 12 日、6 月 19 日、7 月 3 日、7
月 24 日、8 月 21 日、9 月 11 日；最小值為 4，發生於 6 月 26 日、
7 月 10 日、7 月 31 日、8 月 28 日、9 月 4 日、後測時。從圖 4-2-26
中發現，小奇在經過 12 週的活動後，其注意力分散為下降的情況，
且活動前後氣質差異不明顯（差異較明顯者為斜率＞│0.1│及差異
顯著者為斜率＞│0.15│）。

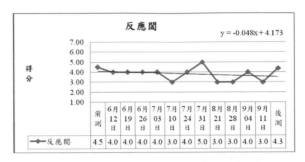

圖 4-2-27　個案三之反應閾表現

　　小奇在經過 12 週的活動後，其反應閾的回歸直線斜率為 -0.048。最大值為 5，發生於 7 月 31 日；最小值為 3，發生於 7 月 10 日、8 月 21 日、8 月 28 日、9 月 11 日。從圖 4-2-27 中發現，小奇在經過 12 週的活動後，其反應閾為下降的情況，且活動前後氣質差異不明顯（差異較明顯者為斜率＞│0.1│及差異顯著者為斜率＞│0.15│）。

2.個案氣質特性之轉變

　　從前一部分可看出，小奇經由 12 週之園藝實作及音樂活動後，氣質特性依照轉變之差異值大小排序，前三名有情緒本質、反應強度及適應度；第一週小奇對於課程的態度為稍冷漠，當其他幼童開心的在唱歌、分享心得時，小奇總是默默地在一旁觀察他人，臉上也少有笑容，且研究者進一步接觸時，她總是害羞地跑開或是看著對方默默不語；經由多次的活動下來，小奇對活動中的人、事、物熟悉了，態度上也有明顯的差異，不僅變得愛笑，也會主動分享活動心得呢。下表為小奇在活動中的氣質特性表現：

表 4-2-3　個案三氣質特性

氣質項目	個案三（n=13*）	
	平均得分	標準偏差
活動量（Activity Level）	4.50	±0.55
規律性（Regularity）	3.77	±0.78
趨避性（Approach/Withdrawal）	4.88	±0.75
適應度（Adaptability）	5.06	±1.10
反應強度（Intensity of Reaction）	4.48	±0.81
情緒本質（Positive or Negative Mood）	4.73	±0.64
堅持度（Persistence）	4.41	±0.47
注意力分散（Distractibility）	4.48	±0.48
反應閾（Threshold of Responsiveness）	3.84	±0.62

*n:含前後測之活動週數

四、個案四小樓

1.活動氣質表現

小樓在經過 12 週的九項氣質特性表現如圖所示：（小樓在第 4、8、9 週時請假未上學，故無予以記錄。）

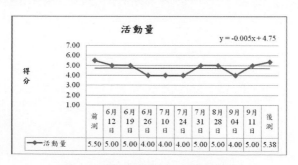

圖 4-2-28　個案四之活動量表現

小樓在經過 12 週的活動後，其活動量的回歸直線斜率為-0.005。
最大值為 5.5，發生於前測時；最小值為 4，發生於 6 月 26 日、7 月
10 日、7 月 24 日、9 月 4 日。從圖 4-2-28 中發現，小樓在經過 12
週的活動後，其活動量為下降的情況，且活動前後氣質差異不明顯
（差異較明顯者為斜率＞│0.1│及差異顯著者為斜率＞│0.15│）。

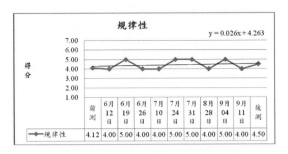

圖 4-2-29　個案四之規律性表現

小樓在經過 12 週的活動後，其規律性的回歸直線斜率為
0.026。最大值為 5，發生於 6 月 19 日、7 月 24 日、7 月 31 日、9
月 4 日；最小值為 4，發生於 6 月 12 日、6 月 26 日、7 月 10 日、
8 月 28 日、9 月 11 日。從圖 4-2-29 中發現，小樓在經過 12 週的
活動後，其規律性為上升的情況，且活動前後氣質差異不明顯（差
異較明顯者為斜率＞│0.1│及差異顯著者為斜率＞│0.15│）。

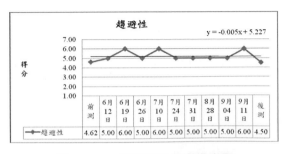

圖 4-2-30　個案四之趨避性表現

　　小樓在經過 12 週的活動後，其趨避性的回歸直線斜率為
-0.005。最大值為 6，發生於 6 月 19 日、7 月 10 日、9 月 11 日；
最小值為 4.5，發生於後測時。從圖 4-2-30 中發現，小樓在經過 12
週的活動後，其趨避性為下降的情況，且活動前後氣質差異不明顯
（差異較明顯者為斜率＞│0.1│及差異顯著者為斜率＞│0.15│）。

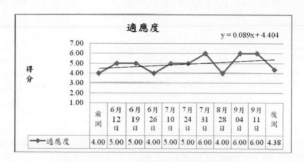

圖 4-2-31　個案四之適應度表現

　　小樓在經過 12 週的活動後，其適應度的回歸直線斜率為 0.089。
最大值為 6，發生於 7 月 31 日、9 月 4 日、9 月 11 日；最小值為 4，
發生於前測時，6 月 26 日、8 月 28 日。從圖 4-2-31 中發現，小樓在經
過 12 週的活動後，其適應度為上升的情況，且活動前後氣質差異不明
顯（差異較明顯者為斜率＞│0.1│及差異顯著者為斜率＞│0.15│）。

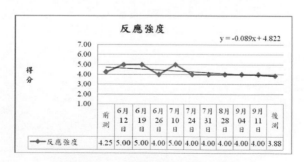

圖 4-2-32　個案四之反應強度表現

　　小樓在經過 12 週的活動後，其反應強度的回歸直線斜率為 -0.089。最大值為 5，發生於 6 月 12 日、6 月 19 日、7 月 10 日；最小值為 3.88，發生於後測時。從圖 4-2-32 中發現，小樓在經過 12 週的活動後，其反應強度為下降的情況，且活動前後氣質差異不明顯（差異較明顯者為斜率＞│0.1│及差異顯著者為斜率＞│0.15│）。

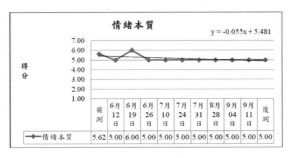

圖 4-2-33　個案四之情緒本質表現

　　小樓在經過 12 週的活動後，其情緒本質的回歸直線斜率為 -0.055。最大值為 6，發生於 6 月 19 日；最小值為 5，發生於 6 月 12 日、6 月 26 日、7 月 10 日、7 月 24 日、7 月 31 日、8 月 28 日、9 月 4 日、9 月 11 日、後測時。從圖 4-2-33 中發現，小樓在經過 12 週的活動後，其活動量為下降的情況，且活動前後氣質差異不明顯（差異較明顯者為斜率＞│0.1│及差異顯著者為斜率＞│0.15│）。

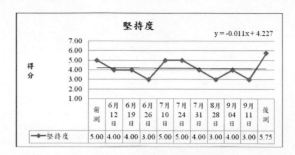

圖 4-2-34　個案四之堅持度表現

　　小樓在經過 12 週的活動後，其堅持度的回歸直線斜率為 -0.011。最大值為 5.75，發生於後測時；最小值為 3，發生於 6 月 26 日、8 月 28 日、9 月 11 日。從圖 4-2-34 中發現，小樓在經過 12 週的活動後，其堅持度為下降的情況，且活動前後氣質差異不明顯（差異較明顯者為斜率＞│0.1│及差異顯著者為斜率＞│0.15│）。

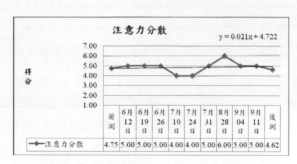

圖 4-2-35　個案四之注意力分散表現

　　小樓在經過 12 週的活動後，其注意力分散的回歸直線斜率為 0.021。最大值為 6，發生於 8 月 28 日；最小值為 4，發生於 7 月 10 日、7 月 24 日。從圖 4-2-35 中發現，小樓在經過 12 週的活動後，其注意力分散為上升的情況，且活動前後氣質差異不明顯（差異較明顯者為斜率＞│0.1│及差異顯著者為斜率＞│0.15│）。

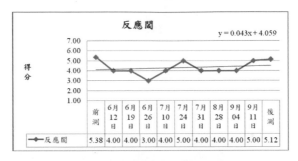

圖 4-2-36　個案四之反應閾表現

　　小樓在經過 12 週的活動後，其反應閾的回歸直線斜率為
0.043。最大值為 5.38，發生於前測時；最小值為 3，發生於 6 月
26 日。從圖 4-2-36 中發現，小樓在經過 12 週的活動後，其反應閾
為上升的情況，且活動前後氣質差異不明顯（差異較明顯者為斜率
> │0.1│及差異顯著者者為斜率> │0.15│）。

2.個案氣質特性之轉變

　　從前一部分可看出，小樓經由 12 週之園藝實作及音樂活動
後，氣質特性依照轉變之差異值大小排序，前三名有適應度、反應
強度及情緒本質；活動中小樓一直保持著樂觀、開朗的態度，對於
活動參與也很熱絡。但在課外觀察當中有發現，小樓有挑食的習
慣，對於不喜歡吃的食物，他會表現得相當排斥，即使讓他嘗試將
它吃下去，小樓也會耍賴在一旁不吃，甚至導致不開心而哭泣。下
表為小樓在活動中的氣質特性表現：

表 4-2-4　個案四氣質特性

	個案四（n=11*）	
氣質項目	平均得分	標準偏差
活動量（Activity Level）	4.72	±0.56

規律性（Regularity）	4.42	±0.46
趨避性（Approach/Withdrawal）	5.19	±0.52
適應度（Adaptability）	4.94	±0.76
反應強度（Intensity of Reaction）	4.28	±0.45
情緒本質（Positive or Negative Mood）	5.15	±0.32
堅持度（Persistence）	4.16	±0.89
注意力分散（Distractibility）	4.85	±0.52
反應閾（Threshold of Responsiveness）	4.32	±0.68

*n:含前後測之活動週數

五、個案五小新

1.活動氣質表現

小新在經過 12 週的九項氣質特性表現如圖所示：

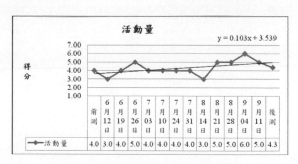

圖 4-2-37　個案五之活動量表現

　　小新在經過 12 週的活動後，其活動量的回歸直線斜率為 0.103。最大值為 6，發生於 9 月 4 日；最小值為 3，發生於 6 月 12 日、8 月 14 日。從圖 4-2-37 中發現，小新在經過 12 週的活動後，

其活動量為上升的情況，且活動前後氣質差異較明顯（差異較明顯者為斜率＞｜0.1｜及差異顯著者者為斜率＞｜0.15｜）。

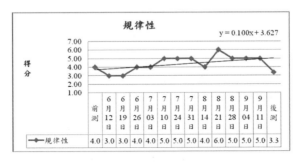

圖 4-2-38　個案五之規律性表現

小新在經過 12 週的活動後，其規律性的回歸直線斜率為 0.100。最大值為 6，發生於 8 月 21 日；最小值為 3，發生於 6 月 12 日、6 月 19 日。從圖 4-2-38 中發現，小新在經過 12 週的活動後，其規律性為上升的情況，且活動前後氣質差異較明顯（差異較明顯者為斜率＞｜0.1｜及差異顯著者者為斜率＞｜0.15｜）。

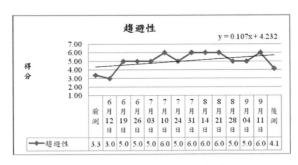

圖 4-2-39　個案五之趨避性表現

小新在經過 12 週的活動後，其趨避性的回歸直線斜率為 0.107。最大值為 6，發生於 7 月 10 日、7 月 31 日、8 月 21 日、9

月 11 日；最小值為 3，發生於 6 月 12 日。從圖 4-2-39 中發現，小新在經過 12 週的活動後，其趨避性為上升的情況，且活動前後氣質差異較明顯（差異較明顯者為斜率＞│0.1│及差異顯著者為斜率＞│0.15│）。

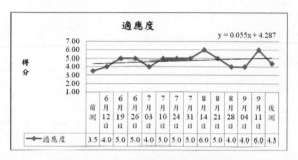

圖 4-2-40　個案五之適應度表現

小新在經過 12 週的活動後，其適應度的回歸直線斜率為0.055。最大值為 6，發生於 8 月 14 日、9 月 11 日；最小值為 3.5，發生於前測時。從圖 4-2-40 中發現，小新在經過 12 週的活動後，其適應度為上升的情況，且活動前後氣質差異不明顯（差異較明顯者為斜率＞│0.1│及差異顯著者為斜率＞│0.15│）。

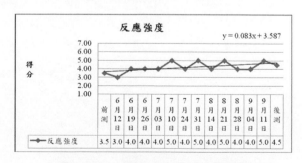

圖 4-2-41　個案五之反應強度表現

　　小新在經過 12 週的活動後，其反應強度的回歸直線斜率為 0.083。最大值為 5，發生於 7 月 10 日、7 月 31 日、8 月 21 日、9 月 11 日；最小值為 3，發生於 6 月 12 日。從圖 4-2-41 中發現，小新在經過 12 週的活動後，其反應強度為上升的情況，且活動前後氣質差異不明顯（差異較明顯者為斜率＞│0.1│及差異顯著者為斜率＞│0.15│）。

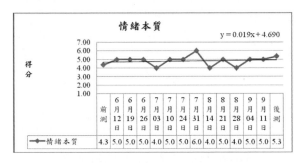

圖 4-2-42　個案五之情緒本質表現

　　小新在經過 12 週的活動後，其情緒本質的回歸直線斜率為 0.019。最大值為 6，發生於 7 月 31 日；最小值為 4，發生於 7 月 3 日、8 月 14 日、8 月 28 日。從圖 4-2-42 中發現，小新在經過 12 週的活動後，其情緒本質為上升的情況，且活動前後氣質差異不明顯（差異較明顯者為斜率＞│0.1│及差異顯著者為斜率＞│0.15│）。

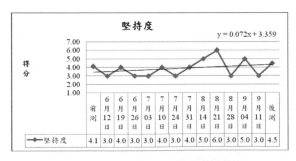

圖 4-2-43　個案五之堅持度表現

小新在經過 12 週的活動後，其堅持度的回歸直線斜率為
0.072。最大值為 6，發生於 8 月 21 日；最小值為 3，發生於 6 月
12 日、6 月 26 日、7 月 3 日、8 月 28 日、9 月 11 日。從圖 4-2-43
中發現，小新在經過 12 週的活動後，其堅持度為上升的情況，且
活動前後氣質差異不明顯（差異較明顯者為斜率＞│0.1│及差異顯
著者為斜率＞│0.15│）。

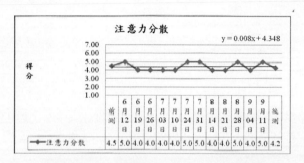

圖 4-2-44　個案五之注意力分散表現

　　小新在經過 12 週的活動後，其注意力分散的回歸直線斜率為
0.008。最大值為 5，發生於 6 月 12 日、7 月 24 日、7 月 31 日、8
月 28 日、9 月 11 日；最小值為 4，發生於 6 月 19 日、6 月 26 日、
7 月 3 日、7 月 10 日、8 月 14 日、9 月 4 日。從圖 4-2-44 中發現，
小新在經過 12 週的活動後，其注意力分散為上升的情況，且活動
前後氣質差異不明顯（差異較明顯者為斜率＞│0.1│及差異顯著者
為斜率＞│0.15│）。

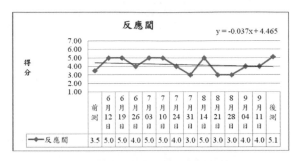

圖 4-2-45　個案五之反應閾表現

　　小新在經過 12 週的活動後，其反應閾的回歸直線斜率為 -0.037。最大值為 5.12，發生於後測時；最小值為 3，發生於 7 月 31 日、8 月 21 日、8 月 28 日。從圖 4-2-45 中發現，小新在經過 12 週的活動後，其反應閾為下降的情況，且活動前後氣質差異不明顯（差異較明顯者為斜率 > | 0.1 | 及差異顯著者為斜率 > | 0.15 | ）。

2.個案氣質特性之轉變

　　從前一部分可看出，小新經由 12 週之園藝實作及音樂活動後，氣質特性依照轉變之差異值大小排序，前三名有趨避性、反應強度及適應度；在第一週時小新時常有自得其樂的表現，只顧著自己玩耍；例如：當教學者在說話時，小新不時會插上幾句題外話，且在幫種子澆水時，將水用力的倒進盆內大喊：「洪水來囉！」，而不顧其他幼童的感受，且教學者有立刻向小新示意這樣的動作不對，並制止他，但他還是會繼續作這樣的動作；在後面幾週的活動中，小新雖還是會有這樣的情況發生，但變得會聽進去且立刻停止動作了。研究者認為，小新是因為對不感興趣的人、事、物較不在意，所以只顧著自己玩，熟悉且培養出興趣後，這樣的情況也就大大減少，小新會漸漸地將注意力轉到活動中，而不是只顧著玩耍了。下表為小新在活動中的氣質特性表現：

表 4-2-5 個案五氣質特性

氣質項目	個案五（n=12*）	
	平均得分	標準偏差
活動量（Activity Level）	4.11	±0.64
規律性（Regularity）	4.20	±0.76
趨避性（Approach/Withdrawal）	4.96	±0.97
適應度（Adaptability）	4.74	±0.75
反應強度（Intensity of Reaction）	4.17	±0.59
情緒本質（Positive or Negative Mood）	4.81	±0.59
堅持度（Persistence）	3.64	±0.69
注意力分散（Distractibility）	4.48	±0.46
反應閾（Threshold of Responsiveness）	4.30	±0.79

*n:含前後測之活動週數

六、個案六小原

1.活動氣質表現

　　小原在經過 12 週的九項氣質特性表現如圖所示：（小原在第9、11 週時請假未上學，故無予以記錄。）

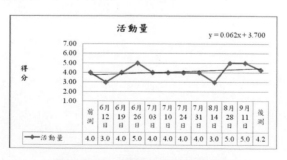

圖 4-2-46 個案六之活動量表現

　　小原在經過 12 週的活動後，其活動量的回歸直線斜率為 0.062。最大值為 5，發生於 6 月 26 日、8 月 28 日、9 月 11 日；最小值為 3，發生於 6 月 12 日、8 月 14 日。從圖 4-2-46 中發現，小原在經過 12 週的活動後，其活動量為上升的情況，且活動前後氣質差異不明顯（差異較明顯者為斜率＞│0.1│及差異顯著者為斜率＞│0.15│）。

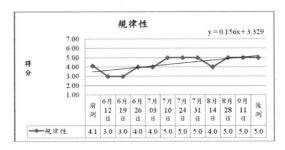

圖 4-2-47　個案六之規律性表現

　　小原在經過 12 週的活動後，其規律性的回歸直線斜率為 0.156。最大值為 5，發生於 7 月 10 日、7 月 24 日、7 月 31 日、8 月 28 日、9 月 11 日、後測時；最小值為 3，發生於 6 月 12 日。從圖 4-2-47 中發現，小原在經過 12 週的活動後，其規律性為上升的情況，且活動前後氣質差異顯著（差異較明顯者為斜率＞│0.1│及差異顯著者為斜率＞│0.15│）。

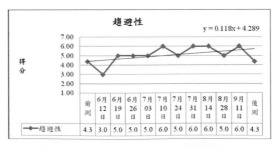

圖 4-2-48　個案六之趨避性表現

　　小原在經過 12 週的活動後，其趨避性的回歸直線斜率為 0.118。
最大值為 6，發生於 7 月 10 日、7 月 31 日前測時、8 月 14 日、9 月
11 日；最小值為 3，發生於 6 月 12 日。從圖 4-2-48 中發現，小原在經
過 12 週的活動後，其趨避性為上升的情況，且活動前後氣質差異較明
顯（差異較明顯者為斜率＞│0.1│及差異顯著者為斜率＞│0.15│）。

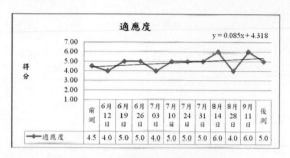

圖 4-2-49　個案六之適應度表現

　　小原在經過 12 週的活動後，其適應度的回歸直線斜率為 0.085。
最大值為 6，發生於 8 月 14 日、9 月 11 日；最小值為 4，發生於 6
月 12 日、7 月 3 日、8 月 28 日。從圖 4-2-49 中發現，小原在經過 12
週的活動後，其適應度為上升的情況，且活動前後氣質差異不明顯（差
異較明顯者為斜率＞│0.1│及差異顯著者為斜率＞│0.15│）。

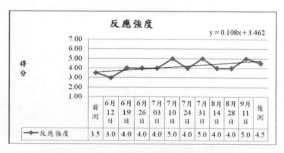

圖 4-2-50　個案六之反應強度表現

　　小原在經過 12 週的活動後，其反應強度的回歸直線斜率為
0.108。最大值為 5，發生於 7 月 10 日、7 月 31 日 9 月 11 日；最
小值為 3，發生於 6 月 12 日。從圖 4-2-50 中發現，小原在經過 12
週的活動後，其反應強度為上升的情況，且活動前後氣質差異較明
顯（差異較明顯者為斜率＞│0.1│及差異顯著者為斜率＞│0.15│）。

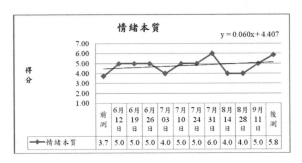

圖 4-2-51　個案六之情緒本質表現

　　小原在經過 12 週的活動後，其情緒本質的回歸直線斜率為
0.060。最大值為 6，發生於 7 月 31 日；最小值為 3.75，發生於前
測時。從圖 4-2-51 中發現，小原在經過 12 週的活動後，其情緒本
質為上升的情況，且活動前後氣質差異不明顯（差異較明顯者為斜
率＞│0.1│及差異顯著者為斜率＞│0.15│）。

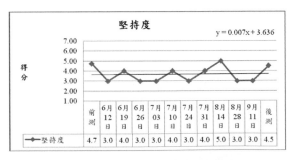

圖 4-2-52　個案六之堅持度表現

小原在經過 12 週的活動後，其堅持度的回歸直線斜率為 0.007。
最大值為 5，發生於 8 月 14 日；最小值為 3，發生於 6 月 12 日、6 月 26
日、7 月 24 日、8 月 28 日、9 月 11 日。從圖 4-2-52 中發現，小原在經
過 12 週的活動後，其堅持度為上升的情況，且活動前後氣質差異不
明顯（差異較明顯者為斜率> │0.1│及差異顯著者為斜率> │0.15│）。

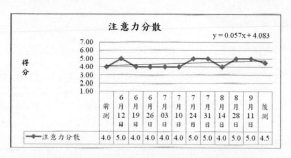

圖 4-2-53　個案六之注意力分散表現

小原在經過 12 週的活動後，其注意力分散的回歸直線斜率為
0.057。最大值為 5，發生於 6 月 12 日、7 月 24 日、7 月 31 日、8
月 28 日、9 月 11 日；最小值為 4，發生於前測時、7 月 3 日、7 月
10 日。從圖 4-2-53 中發現，小原在經過 12 週的活動後，其注意力
分散為上升的情況，且活動前後氣質差異不明顯（差異較明顯者為
斜率> │0.1│及差異顯著者為斜率> │0.15│）。

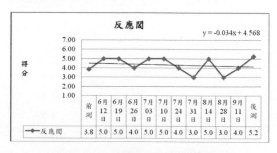

圖 4-2-54　個案六之反應閾表現

小原在經過 12 週的活動後，其反應閾的回歸直線斜率為 -0.034。最大值為 5.25，發生於後測時；最小值為 3，發生於 7 月 31 日、8 月 28 日。從圖 4-2-54 中發現，小原在經過 12 週的活動後，其反應閾為下降的情況，且活動前後氣質差異不明顯（差異較明顯者為斜率＞│0.1│及差異顯著者為斜率＞│0.15│）。

2.個案氣質特性之轉變

從前一部分可看出，小原經由 12 週之園藝實作及音樂活動後，氣質特性依照轉變之差異值大小排序，前三名有規律性、趨避性及反應強度；在第一週時小原顯得很害羞，坐在一旁左顧右盼，較無法融入活動中，而且常常要找老師帶他去廁所；經過多次活動下來，小原不僅不害羞了，對研究者和教學者還顯得特別熱絡，活動參與時的反應也提高，藉由幼稚園老師口中得知，小原甚至會常常詢問研究者的動向呢。下表為小原在活動中的氣質特性表現：

表 4-2-6　個案六氣質特性

氣質項目	個案六（n=12*）	
	平均得分	標準偏差
活動量（Activity Level）	4.10	±0.64
規律性（Regularity）	4.34	±0.74
趨避性（Approach/Withdrawal）	5.06	±0.85
適應度（Adaptability）	4.88	±0.65
反應強度（Intensity of Reaction）	4.17	±0.59
情緒本質（Positive or Negative Mood）	4.80	±0.70
堅持度（Persistence）	3.69	±0.74
注意力分散（Distractibility）	4.46	±0.48
反應閾（Threshold of Responsiveness）	4.34	±0.77

*n:含前後測之活動週數

七、個案七小美

1.活動氣質表現

小美在經過 12 週的九項氣質特性表現如圖所示：（小美在第五週時因協助幼稚園畢業典禮事宜，及第八、九週因家人提早接回，故無予以記錄。）

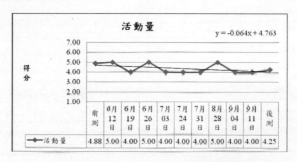

圖 4-2-55　個案七之活動量表現

小美在經過 12 週的活動後，其活動量的回歸直線斜率為-0.064。最大值為 5，發生於 6 月 12 日、6 月 26 日、8 月 28 日；最小值為 4，發生於 6 月 19 日、7 月 3 日、7 月 24 日、7 月 31 日、9 月 4 日、9 月 11 日。從圖 4-2-55 中發現，小美在經過 12 週的活動後，其活動量為下降的情況，且活動前後氣質差異不明顯（差異較明顯者為斜率 > │0.1│ 及差異顯著者為斜率 > │0.15│）。

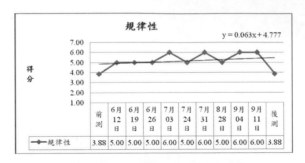

圖 4-2-56　個案七之規律性表現

小美在經過 12 週的活動後，其規律性的回歸直線斜率為 0.063。最大值為 6，發生於 7 月 3 日、7 月 31 日、9 月 4 日、9 月 11 日；最小值為 3.88，發生於前測時。從圖 4-2-56 中發現，小美在經過 12 週的活動後，其規律性為上升的情況，且活動前後氣質差異不明顯（差異較明顯者為斜率 > ｜0.1｜及差異顯著者為斜率 > ｜0.15｜）。

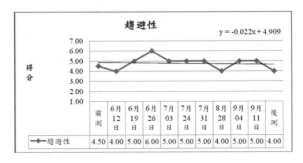

圖 4-2-57　個案七之趨避性表現

小美在經過 12 週的活動後，其趨避性的回歸直線斜率為 -0.022。最大值為 6，發生於 6 月 26 日；最小值為 4，發生於 6 月 12 日、8 月 28 日、後測時。從圖 4-2-57 中發現，小美在經過 12 週的活動後，其趨避性為下降的情況，且活動前後氣質差異不

明顯（差異較明顯者為斜率＞│0.1│及差異顯著者為斜率＞
│0.15│）。

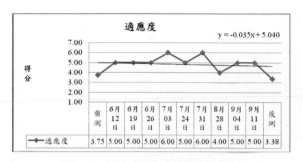

圖 4-2-58 個案七之適應度表現

　　小美在經過 12 週的活動後，其適應度的回歸直線斜率為
-0.035。最大值為 6，發生於 7 月 3 日、7 月 31 日；最小值為 3.38，
發生於後測時。從圖 4-2-58 中發現，小美在經過 12 週的活動後，
其適應度為下降的情況，且活動前後氣質差異不明顯（差異較明顯
者為斜率＞│0.1│及差異顯著者為斜率＞│0.15│）。

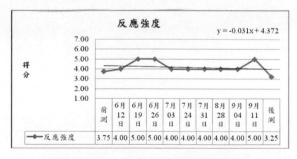

圖 4-2-59 個案七之反應強度表現

　　小美在經過 12 週的活動後，其反應強度的回歸直線斜率為
-0.031。最大值為 5，發生於 6 月 19 日、6 月 26 日、9 月 11 日；最

小值為 3.25，發生於後測時。從圖 4-2-59 中發現，小美在經過 12
週的活動後，其反應強度為下降的情況，且活動前後氣質差異不明
顯（差異較明顯者為斜率＞│0.1│及差異顯著者為斜率＞│0.15│）。

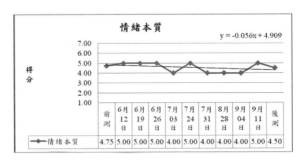

圖 4-2-60　個案七之情緒本質表現

　　小美在經過 12 週的活動後，其情緒本質的回歸直線斜率為
-0.056。最大值為 5，發生於 6 月 12 日、6 月 19 日、6 月 26 日、7
月 24 日、9 月 11 日；最小值為 4，發生於 7 月 3 日、7 月 31 日、
8 月 28 日、9 月 4 日。從圖 4-2-60 中發現，小美在經過 12 週的活
動後，其情緒本質為下降的情況，且活動前後氣質差異不明顯（差
異較明顯者為斜率＞│0.1│及差異顯著者為斜率＞│0.15│）。

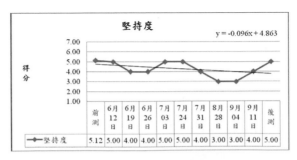

圖 4-2-61　個案七之堅持度表現

　　小美在經過 12 週的活動後，其堅持度的回歸直線斜率為
-0.096。最大值為 5.12，發生於前測時；最小值為 3，發生於 8 月
28 日、9 月 4 日。從圖 4-2-61 中發現，小美在經過 12 週的活動後，
其堅持度為下降的情況，且活動前後氣質差異不明顯（差異較明顯
者為斜率＞│0.1│及差異顯著者為斜率＞│0.15│）。

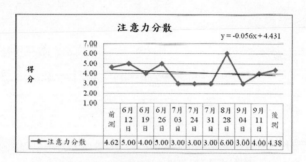

圖 4-2-62　個案七之注意力分散表現

　　小美在經過 12 週的活動後，其注意力分散的回歸直線斜率為
-0.056。最大值為 6，發生於 8 月 28 日；最小值為 3，發生於 7 月 3 日、
7 月 24 日、7 月 31 日、9 月 4 日。從圖 4-2-62 中發現，小美在經過 12
週的活動後，其注意力分散為下降的情況，且活動前後氣質差異不明
顯（差異較明顯者為斜率＞│0.1│及差異顯著者為斜率＞│0.15│）。

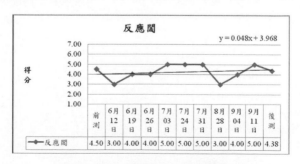

圖 4-2-63　個案七之反應閾表現

　　小美在經過 12 週的活動後，其反應閾的回歸直線斜率為 0.048。最大值為 5，發生於 7 月 3 日、7 月 24 日、7 月 31 日、9 月 11 日；最小值為 3，發生於 6 月 12 日、8 月 28 日。從圖 4-2-63 中發現，小美在經過 12 週的活動後，其反應閾為上升的情況，且活動前後氣質差異不明顯（差異較明顯者為斜率 > │0.1│ 及差異顯著者為斜率 > │0.15│）。

2.個案氣質特性之轉變

　　從前一部分可看出，小美經由 12 週之園藝實作及音樂活動後，氣質特性依照轉變之差異值大小排序，前三名有適應度、活動量及規律性；；在第一週時整體的表現不錯，活動參與上也很熱絡，但是有一現象經常發生，當有其他幼童在嬉鬧時，小美很容易受其影響，甚至加入他們的行列；在幾週活動觀察後，注意力分散的情況減少了很多，但是小美對感興趣的人、事、物（例如：家人、食物），注意力還是會很快地就被吸引過去。下表為小美在活動中的氣質特性表現：

表 4-2-7　　個案七氣質特性

	個案七（n=11）	
氣質項目	平均得分	標準偏差
活動量（Activity Level）	4.38	±0.46
規律性（Regularity）	5.16	±0.75
趨避性（Approach/Withdrawal）	4.77	±0.58
適應度（Adaptability）	4.83	±0.79
反應強度（Intensity of Reaction）	4.18	±0.54
情緒本質（Positive or Negative Mood）	4.57	±0.45
堅持度（Persistence）	4.28	±0.76
注意力分散（Distractibility）	4.09	±0.97
反應閾（Threshold of Responsiveness）	4.26	±0.72

n:含前後測之活動週數

第三節　個案在研究活動後之氣質變化

從前一節中發現，個案在經過園藝實作及音樂活動後，其氣質特性轉變較常見的是趨避性，次者為反應強度、適應度及規律性；且從結果得知，幼童在透過園藝實作及音樂活動中，對於新的人、事、物接觸上，趨避性及適應度之變化是由避至趨，規律性及反應強度則是由低至高的方式作為轉變。

從上述中，研究者將趨避性及適應度歸類為心理變化、規律性及反應強度為生理變化，並且在相關研究之結果（朱凱薇，2006；蘇秀娟，2006）中顯示，園藝實作與音樂活動對個案之行動能力、認知能力及心理社會功能都呈現漸進式進步的轉變。藉此研究者認為，本研究之結果與相關研究成果取得一致性。下表為個案在研究活動後轉變之氣質特性：

表 4-3-1　個案在研究活動後轉變較明顯之氣質特性

編號	暱稱	九項氣質特性較明顯之轉變情況
1	小達	趨避性、適應度、堅持度
2	小情	趨避性
3	小奇	無較明顯差異之氣質特性
4	小樓	無較明顯差異之氣質特性
5	小新	規律性、趨避性、反應強度
6	小原	規律性、趨避性、適應度、反應強度、情緒本質、注意力分散
7	小美	無較明顯差異之氣質特性

第四節 性別與獨生子女氣質特性之差異分析

本研究以 t 檢定、變異數分析探討不同性別的幼兒個案之九項氣質特性是否有所不同：

一、性別

以 t 檢定比較男孩和女孩之氣質之差異，發現女孩的適應度與堅持度較高、對事物的反應閾也較敏感（$P<.05$）。如下表所示：

表 4-4-1　不同性別與幼兒氣質特性

氣質	性別	
	男（n=4）	女（n=3）
活動量（Activity Level）	4.53±.75	4.07±.75
規律性（Regularity）	4.56±.71	4.38±.88
趨避性（Approach/Withdrawal）	5.18±.81	4.76±.74
適應度（Adaptability）	4.98±.80	4.99±.95*
反應強度（Intensity of Reaction）	4.53±.81	4.28±.76
情緒本質（Positive or Negative Mood）	4.80±.67	4.54±.61
堅持度（Persistence）	4.34±.95	4.39±.67*
注意力分散（Distractibility）	4.50±.66	4.24±.77
反應閾（Threshold of Responsiveness）	3.92±.71	4.02±.73*

Values are Mean±SD

*$P<.05$

二、獨生子女

以 t 檢定比較是否為獨子之個案氣質，發現為獨生子女的反應強度較非獨生子女強（P＜0.05）。如下表所示：

表 4-4-2　氣質特性與是否為獨生子女的關係

氣質特性	獨生子女	
	是（n=3）	否（n=4）
活動量（Activity Level）	4.60±.71	4.11±.76
規律性（Regularity）	4.40±.89	4.54±.71
趨避性（Approach/Withdrawal）	5.11±.86	4.91±.75
適應度（Adaptability）	5.05±.96	4.93±.79
反應強度（Intensity of Reaction）	4.70±.89	4.20±.63*
情緒本質（Positive or Negative Mood）	4.68±.68	4.70±.63
堅持度（Persistence）	4.61±.77	4.15±.83
注意力分散（Distractibility）	4.41±.66	4.37±.77
反應閾（Threshold of Responsiveness）	3.65±.92	4.22±.76

Values are Mean±SD

*$P < .05$

第五章　結論與建議

　　本研究旨在探討以生命教育為主題的園藝實作及音樂活動對幼兒氣質發展之間的關係。研究者在透過文獻探討，瞭解到兒童氣質和園藝實作及音樂之相關概念後，採用台大醫院兒童心理衛生中心編定的學齡前「兒童氣質評估表」作為研究工具，以彰化縣某幼稚園的小班幼童為研究對象，進行問卷調查，藉由觀察，記錄下幼童在活動間的行為展現，得到研究結果。

第一節　結論

　　本研究結果發現，男生在活動量、規律性及注意力分散情況較女生來得大；女生在適應度、堅持度及反應閾的表現比男生來的高；而趨避性、反應強度、情緒本質的轉變上較無差異。然而 Thomas 認為性別對氣質的影響會隨著年齡的增加而越來越明顯（Thomas，1970）；在賴明美（1999）的研究結果中顯示，4 歲時男孩活動量較大、對新事物傾向於趨，而本研究得到相同之結果。由此可得知，既使學校及家庭環境因素的不同，相同年齡層的兒童在氣質特性轉變上亦會相似。

　　另外，本研究結果顯示非獨生子女的兒童反應強度較弱，研究者在活動觀察中亦得到相同結果，獨生子女對教學者在發問時屬主

動的一方，而且在遇到問題或挫折時，會主動向他人尋求協助，因此是否非獨生子女在面對問題或挫折時，會較難提出反應而錯失即時解決的機會，讓情況越來越嚴重，甚至影響到其餘氣質的發展，就本研究之觀察，其是有些許關連性的。

研究結果顯示以生命教育為主題的園藝及音樂活動，對幼童的反應閾、適應度、情緒本質及趨避性有明顯的影響，其中以反應閾的影響最為顯著，次者為適應度、情緒本質及趨避性。而園藝實作對幼童氣質之影響，以適應度及情緒本質之影響較為常見；音樂活動對幼童氣質之影響為反應閾較為明顯。

從活動個案之記錄觀察，許多幼童在接觸新事物時，一開始會產生疑惑及害羞的反應，但在教學者藉由園藝實作或音樂活動的引導，逐漸增加接觸的經驗與相關知識，不僅會提高幼童對新事物的好奇心，在表情及活動參與上也會有較不錯的進步與反應（Sharon & Martha, 1997）。

綜合上述本研究之結論有下列幾點：

1. 個案在經過本研究活動後，在趨避性、反應強度及規律性上有較顯著之轉變。
2. 在性別差異上，男生在活動量、規律性及注意力分散情況較女生來得大；女生在適應度、堅持度及反應閾的表現比男生來的高；而趨避性、反應強度、情緒本質的轉變上較無差異。
3. 個案若為獨生子女，在氣質特性之反應強度上表現較為強勢。
4. 以生命教育為主題的園藝實作及音樂活動，對幼童的反應閾、適應度、情緒本質及趨避性有明顯的影響，其中以反應閾的影響最為顯著。藉由園藝實作或音樂活動的引導，逐漸增加接觸的經驗與相關知識，不僅會提高幼童對新事物的好奇心，在表情及活動參與上也會有較不錯的進步與反應。

第二節　建議

本研究實際操作園藝及音樂活動後，提出幾點後續在應用園藝及音樂之研究時的建議，於下列分述之。

一、可增加對照組

本研究是以「個案研究」方式比較 7 位元幼童在兒童氣質評估表中的前後測差異，藉此提出研究結果，但本研究無設計對照組來觀察幼童在未參加園藝實作及音樂活動的氣質特性差異，所以研究結果是否真的是活動所帶來的成效，或是幼稚園所安排的課程效益，研究者並無法從其得知，故建議未來的研究可利用實驗組與對照組所產生之不同氣質表現，來觀察園藝實作及音樂活動的真實成果。

二、活動設計方面

本研究在活動設計上，以園藝實作及音樂活動為主要類型；園藝實作部分的種植體驗成分較多，其活動在操作上較為類似，日後可嘗試不同的園藝實作活動，並探討活動與研究對象的適切性，藉以得知個案在不同之園藝實作中的轉變，讓研究與研究對象的特性更為適配。

音樂活動部分，本研究以樂曲教唱方式配合吉他或電子琴等樂器來帶領幼童一同參與，建議在未來研究中，能以不同的授課方式進行研究活動，來探討不同授課方式在研究對象之行為及態度上的差異。

三、研究對象方面

　　本研究之對象為 4 到 5 歲幼童，建議未來研究可擴大到不同年齡層或父母職業類型等，探討比較園藝及音樂活動對其之影響及效益。

參考文獻

1. 王秀枝（2003）。兒童氣質與知覺父母教養方式關係之研究。國立嘉義大學家庭教育研究所未出版碩士論文，嘉義。

2. 王珮玲（1992）。兒童氣質、父母教養方式與兒童社會能力關係之研究。國立政治大學教育研究所已出版博士論文，臺北。

3. 王珮玲（1994）。父母教師知覺之幼兒氣質與父母教養方式關係之探討。臺北市立師範學院學報，25，317-342。

4. 朱凱薇（2006）。一顆種子，一個希望園藝治療活動在黎明教養院之個案研究。慈濟大學社會工作研究所未出版碩士論文，花蓮。

5. 吳俊升（1984）。教育哲學大綱。臺北：台灣商務。

6. 李美瑩（1994）。兒童學齡氣質、家庭氣氛與學業成績之相關。國立政治大學教育研究所未出版碩士論文，臺北。

7. 李鶯喬、陳映雪、楊惠玲與楊斯棟（1995）。臺北地區國中生氣質特徵之初步研究。中華精神醫學，9（1），32-43。

8. 林秀珍（2007）。經驗與教育探微──杜威教育哲學之詮釋。臺北：師大書苑。

9. 林瑞發（1988）。學前兒童行為與主要照顧者氣質特徵之相關研究。私立中國文化大學兒童福利研究所未出版碩士論文，臺北。

10. 徐澄清（1980）。因材施教。臺北：健康世界。

11. 高婉嘉（2004）。國小學齡兒童氣質與親子衝突關係之研究。國立嘉義大學家庭教育研究所已出版碩士論文，嘉義。

12. 高淑芬（2000）。兒童氣質與因材施教。瀏灠日期 2009 年 6 月 18 日，取自 www.health.gov.tw/Portals/0/文宣出版品/手冊/2005829111352.pdf

13. 張振南（1995）。國小高年級兒童氣質、教師教學風格與學習表現之
    關係。國立嘉義師範學院初等教育研究所未出版碩士論文，嘉義。

14. 張惠琴（2008）。兒童氣質、父母教養方式與親子關係之研究。臺北
    市立教育大學兒童發展碩士學程未出版碩士論文，臺北。

15. 郭毓仁（2005）。景觀治療與園藝療法。臺北：詹氏。

16. 陳玉華（1981）。臺北市中山區及臺北縣泰山鄉三歲至七歲兒童氣質
    特徵之初步研究。國立台灣大學醫學院公共衛生研究所未出版碩士論
    文，臺北。

17. 陳聖謨（1996）。兒童早期境遇與期氣質、社會能力關係之研究。國
    立台中師範學院幼兒教育年刊，5，181-212。

18. 黃俊傑（2000）。全人教育改革對二十一世紀華人的意義--教育者永
    恆的鄉愁。農訓，17（2），36-40。

19. 楊昭謨（1997）。學前聽障兒童與普通氣質、父母教養態度之比較研
    究。國立台灣師範大學特殊教育學系未出版碩士論文，臺北。

20. 雷庚玲與許功餘（2002）。由依戀理論與氣質理論分別解析兒童的情
    緒發展與親子關係。載於雷庚玲、黃世琤、許功餘著，0-3歲嬰幼兒
    發展研究彙編，第二輯：情緒、氣質與親子關係。臺北：信誼。86-163。

21. 歐陽教（1997）。兒童生活教育與人格建構。載於瞿立鶴（主編）。兒
    童人格的建構。臺北：人格建構工程學研究基金會。12-29。

22. 潘淑滿（2005）。質性研究：理論與應用。臺北：心理。

23. 賴明美（1999）。中興新村幼兒園孩童之氣質研究。中國醫藥學院已
    出版碩士論文，台中。

24. 賴嘉凰（1999）。青少年氣質與父母管教態度對親子關係之影響。國
    立政治大學心理研究所未出版碩士論文，臺北。

25. 戴立梅（2004）。父母教養方式與幼童氣質之個案研究——以一個收養
    家庭為例。國立台南師範學院國民教育研究所未出版碩士論文，台南。

26. 蘇秀娟（2006）。嬰兒實施音樂課程及其氣質發展之研究。朝陽科技
    大學幼兒保育系未出版碩士論文，台中。

27. Buss, A. H., & Plomin, R. A. (1984). *Temperament: Early developing personality traits. Hillsdale*, NJ: Erlbaum.

28. Carlson, Neil R., Heth, C. Donald, Miller, Harold, Donahoe, John W., Buskist, William, & Martin, G. Neil. (2008). 心理學（Psychology: The Science of Behavior）。危芷芬、顏綵思、陳舜文、王紀涵、陳昭伶（譯）。臺北：華騰。

29. Davis, S. H.(1995). Development of the profession of horticultural therapy. In Simson, S. P., & M. C. Straus (Eds.) (1995). *Horticluture as Therapy-Principles and Practice*, 3-20. NY: Haworth Press.

30. Dewey, J.(1959). *Democracy and education.* NY: The Macmillan.

31. Guillard, Achille. 1855. *Eléments de statistique Humaine ou démographie Commparée.* Paris: Guillaumin.

32. Hsu C. C.(1985). *Chinese culture and mental health.* U.S.A.: Academic Press.

33. Kavanagh, J. S.,(1995). Therapeutic landscapes: gardens for Horticultural therapy coming of age. *HortTechnology, 5*(2), 104-107.

34. Martin, R. P.(1994). Child Temperament and Common problems in schooling: hypotheses about causal connections. *Journal of School Psychology, 32*,119-134.

35. Matteson, D., & Burr, A. and Marshall, J.(1998). Infant mortality: A multi-level analysis of individual and community risk factors. *Social Science & Medicine, 47*(11), 1841-1854.

36. Rothbart, M. K., & Derrberry, D. (1981). Development of individual differences. In M, E. Lamb & A. L. Brown (Eds.), *Advances in Developmental psychology. Hillsdale.* NJ: Erlbaum.

37. Sharon Simson, & Martha C. Straus (1997). *Horticulture as therapy: principles and practice.* U.S.A.: CRC Press, 33.

38. Stoneman, Z., & Brody, G. H. (1993). Sibling Temperament, Conflict, Warmth, and Role Asymmetry. *Child Development, 64*, 1786-1800.

39. Thomas, A., & Chess, S. (1977). *Temperament and Development*. NY: Brunner/Mazel.

40. Thomas, A., Chess S., & Birch HG (1970). The origin of personality. *Sci Am*, *223*, 102-110.

41. Ulrich, R. S. & R. Parsons (1992). Influences of passive experiences with plants on individual well-being and health. In D. Relf (Ed.). *The role of horticulture in human well-being and social development.* Portland, OR: Timber Press, 93-105.

42. Vaughn, B. E., & Bost, K. K. (1999). Attachment and temperament: Redundant, independent, or interacting influences on interpersonal adaptation and personality development? In J. Cassidy and P. Shaver (Eds.) *Handbook of Attachment: Theory, Research, and Clinical Applications.* NY, U.S.A: Guilford Press, 198-225.

【附錄一】

幼兒氣質量表

　　問卷裏所列的題目，每題都以從不、非常少、偶而有一次、有時、時常、經常是、總是七種尺度來衡量，請您在最適合您小孩行為的地方打「∨」或畫「○」，儘量以他和同年齡的其他小孩互相比較下作選擇。如果某些項目所問的行為是從來沒有發生過的，則請您在題目後面註明「不適用」。

題目	從不	非常少	偶而有一次	有時	時常	經常是	總是
1. 洗澡時，把水潑的到處都是，玩的很活潑。	1	2	3	4	5	6	7
2. 和其他小朋友玩在一起時，顯得很高興。	1	2	3	4	5	6	7
3. 嗅覺靈，對一點點不好聞的味道，很快地就感覺到。	1	2	3	4	5	6	7
4. 對陌生的大人會感到害羞。	1	2	3	4	5	6	7
5. 做一件事時，例如：畫圖、拼圖、作模型等，不論花多少時間，一定要作完才肯罷休。	1	2	3	4	5	6	7
6. 每天定時上廁所。	1	2	3	4	5	6	7

7. 以前不喜歡吃的東西，現在願意吃。	1	2	3	4	5	6	7
8. 反應很明顯，喜歡的很喜歡，不喜歡的很不喜歡。	1	2	3	4	5	6	7
9. 心情不好時，可以很容易地用笑話逗他開心。	1	2	3	4	5	6	7
10. 遇到陌生的小朋友時，會感到害羞。	1	2	3	4	5	6	7
11. 不在乎很大的聲音，例如：其他人都抱怨電視機或收音聲音太大時，他好像不在乎。	1	2	3	4	5	6	7
12. 如果不准寶寶穿他自己選擇的衣服，他很快的就能接受媽媽要他穿的衣服。	1	2	3	4	5	6	7
13. 每天要定時吃點心。	1	2	3	4	5	6	7
14. 當寶寶談到一些當天所發生的事情時，會顯得興高采烈。	1	2	3	4	5	6	7
15. 到別人家裡，只要去過二、三次後，就會很自在。	1	2	3	4	5	6	7
16. 做事做得不順利時，會把東西摔在地上，大哭大鬧。	1	2	3	4	5	6	7
17. 逛街時，他很容易接受大人用別的東西取代他想要的玩具或糖果。	1	2	3	4	5	6	7
18. 不論在室內或室外活動，寶寶常用跑的而少用走的。	1	2	3	4	5	6	7

19. 喜歡和大人上街買東西。（例如上市場或百貨公司或超級市場）。	1	2	3	4	5	6	7
21. 每天上床後，差不多一定的時間就會睡著。	1	2	3	4	5	6	7
21. 喜歡嘗試吃新的食物。	1	2	3	4	5	6	7

以生命教育為主題的園藝及音樂活動
之觀察紀錄及評分表

暱稱：	日期：2009/00/00						
今日活動主題：種子栽培							
主題內容：							
1. 教幼童唱活動之歡迎歌及再見歌。							
2. 種子栽培（種植小蕃茄及向日葵）。							
3. 再見歌。							
準備材料：							
1. 種子──向日葵、蕃茄。							
2. 報紙。							
3. 植栽用 3 吋盆。							
4. 培養土。							
5. 澆花器。							
活動表現記錄評分[1]							
1. 歡迎歌	1	2	3	4	5	6	7
2. 活動參與	1	2	3	4	5	6	7
3. 反應回饋	1	2	3	4	5	6	7
4. 再見歌	1	2	3	4	5	6	7

---

[1] 得分說明：1 分為無反應，2 分為冷漠，3 分為稍冷漠，4 分為普通，5 分為稍熱絡，6 分為熱絡，7 分為非常融入。

幼童九大氣質向度評分欄[2]							
1. 活動量	1	2	3	4	5	6	7
2. 規律性	1	2	3	4	5	6	7
3. 趨避性	1	2	3	4	5	6	7
4. 適應度	1	2	3	4	5	6	7
5. 反應強度	1	2	3	4	5	6	7
6. 情緒本質	1	2	3	4	5	6	7
7. 堅持度	1	2	3	4	5	6	7
8. 注意力分散	1	2	3	4	5	6	7
9. 反應閾	1	2	3		5	6	7
活動情況描述：							

---

[2] 得分說明：1分為從不，2分為非常少，3分為偶而有一次，4分為有時，5分為時常，6分為經常是，7分為總是。

莊財福博士創作之生命教育歌曲
（歌譜）

一、歡迎歌＆再見歌

歡迎歌＆再見歌

詞：李玲玉
曲：莊財福

```
     C              F   G       G              Dm    C
│  3 3  3 2  1 5  │ 1 3 2 2  - │  2 2  2 1  7 5  │ 7 2 1 1  - │
   拍拍 你的 手呀！說哈囉！      拍拍 你的 手呀！說哈囉！
   揮揮 你的 手呀！說再見！      揮揮 你的 手呀！說再見！

     C              F           G       Dm      Dm G    C
│  5 5  5 5  5 6  │ 5 4 4 4  - │  2 2 2  5 2 2 │ 7 - 2 - │ 1 - - - │
   大家 一起 來！說哈囉！    說哈囉！說哈囉！說 哈   囉！
   雖然 不願 意！說再見！    期待著！下一次！的 再    見！
```

說明：第一段為歡迎歌；第二段為再見歌。

二、真誠與奉獻

真誠與奉獻
（淨化人心音樂社社歌）

詞曲：莊財福
2009.06.18

C C   G   F   C

3 2 | 3 5 4 3 2 1 | 2 · 7 5 − | 1 · 1 2 2 1 7 | 1 − − |

C   G   F   C

3 2 | 3 · 5 4 3 2 1 | 2 · 7 5 − | 1 · 1 2 · 1 | 3 − − 3 2 |

這 世 界 有一群 人默 默 努力 讓 人心 光 明 這世

C   G   F G C

| 3 · 5 4 3 2 1 | 2 · 7 5 − | 1 · 1 2 · 7 | 1 − − 1 1 |

界 有 一群 人奉 獻 自己 照 亮了 大 地 許多

Am   G   F   C

| 6 · 6 7 1 | 7 · 6 5 5 5 | 6 7 1 7 6 | 5 − − 1 1 |

辛 酸哭泣 的 地方需要 你我伸出雙 手 你會

Am   G   Am F G C

| 6 · 6 7 6 | 5 · 3 1 1 1 | 2 2 1 7 | 1 − − 1 |

發 覺真誠 與 奉獻會讓 世界有奇 蹟 天

F   C   G   C

| 4 · 4 5 · 6 | 5 3 2 1 1 1 | 2 2 1 · 2 | 3 − − 1 |

下 為公 故 人不獨親獨親 不獨子其 子 使

F   C   G   C

| 4 · 4 5 6 | 5 3 2 1 1 1 | 2 2 1 · 2 | 1 − − − |

老 有所終 壯有所用 還要 幼有所 長

本社宗旨：創作、傳播及推廣淨化社會人心之音樂作品。藉以消弭社會不安
　　　　　氣氛，營造善良、祥和與安定之社會風氣。歡迎認同本社宗旨之
　　　　　社會大眾朋友加入。

部落格　http://tw.myblog.yahoo.com/pure-music

網址：http://www.mdu.edu.tw/~tfchuang/music/

三、感恩的心

感恩的心
（天空草地是我家）

詞曲：莊財福
2008.12.03

```
   F              Am             Dm            G7          C
| 6 - 0 7 i 2 | 3 - 0 2 i 7 | 6 - 0 7 i 2 | i - 7 - | i - - - |
  C
| i - - - |

  C                F            G                F   G
| i - 0 i i 5 | 5 6 6 - | 2 - 0 2 2 2 | 5 5 4 - |
  天   給我們 陽 光   地   給我們   綠草地
  C                F         Dm              G  C
| 5 3 - 0 3 3 3 | 2 1 5 - | 5 2 - 0 2 2 2 | 3 2 1 - |
  流水  滋潤了  生 命  草木 蘊 藏 無 限生機
  C          Am                Em          F
| - - - 1 | i · i i 7 6 5 | 3 - - 1 | 6 · 6 6 5 3 1 |
         群 山 翠 綠鳥語花 香  藍 天 白 雲流 水清
  G       C       Am           Dm            C
| 2 - - 3 4 | 5 · 6 5 3 2 | 1 · i 6 5 3 | 2 · 5 6 7 6 5 | i - - - |
  涼   綠 草 如茵一望無 際 讓我忘 卻 煩惱無煩 憂
```

四、愛護我們的地球！

愛護我們的地球！

詞曲：莊財福
2009.03.10

```
          C                Am                   F              G
3 4 | 5 · 3 5 1 2 | 3 1 3 · 1 7 | 6 4 6 1 7 6 | 7 1 2 · 3 4 |
     | 5 · 3 5 1 2 | 3 1 3 · 1 7 | 6 4 6 1 7 6 | 7 1 2 · |
          C                G                Am              G
3 4 | 5  3 5 1 7 6 | 5 5 2 5 1 2 | 3 1 3 6 5 4 | 5 5 3 2 1 7 |
```

難道 要 等到最後的 河被污染難道 要 等到最後的 樹被砍倒難道

```
 F                  G                Dm              Dm
| 1 6 6 1 6 5 | 4 5 2 5 4 3 | 2 · 1 6 - | - - - - |
```

要等到最後的　魚被抓住我們　才　驚覺

```
 C                        C
| 3  3 4 3 2 1 2 | 1 - - - | - - - - |
```

錢 原來是不能吃　的

```
 Am               G                F              C
| i · 3 6 i | 7 - - - | 6 · 1 4 6 | 5 - - 3 3 |
```

美 麗的地　球　　健 康的家 園　需要

```
 G                C                Dm              C
| 2 · 1 2 6 5 | 3 - - 3 3 | 2 · 1 2 3 2 | 1 - - - |
```

永 續的理　念　　需要 你 我的實　踐

```
 Am               G                F              C
| i · 3 i i 2 | 7 - - - | 6 · 1 i 7 6 | 5 - - 3 3 |
```

美 好的人　生　　健 康的身　心　需要

G   C   Dm
| 2 · 1 2 5 6 | 3 - - 3 3 | 2 · 1 2 - | - - - - |
智　慧與慈　　悲　　需要　你　和我

G   C
| - 5 7 · 2 | i - - - |
　共同　努　力

五、父親！您真偉大！

父親！您真偉大！

詞曲：莊財福
2008.08.05

```
C                G  F   G    F    C
| 3·4 53 5 5̇ |  7 - 6 - | 54 34 6̇·7 | 1 - - - |
C          C
| 5 33 3·3 | 33 21 3 - |
```
爸 爸 我　親愛的爸爸
小寶寶 我　心愛的寶寶

```
G        Dm      C      F         Dm
| 5 22 2·2 | 21 23 1 - | 6̇·7 1 4 | 45 43 4 - |
```
你就像 家　門前 的大樹　擋 著大風 擋著 大 雨
你就像 家　裡的 小天使　無 憂無慮 散播 歡 笑

```
G        G     C  C        G     G
| 5·5 54 | 43 32 1 | - - - | 2·22 1 | 23 45 - |
```
風　雨帶回 熱熱 白米飯　　你 那強壯 的肩 膀
平　安長大 做個 好寶寶　　你 那小小 的身 軀

```
F        Dm G   Dm G    Dm G
| 6·6 53 | 31 2 - | 23 45 - | 21 7·7 |
```
照　顧我們 一家人　風雨之中　有溫暖 我
牽　掛我們 一家人　辛苦之中　有溫馨 我

```
G        Dm       C      C
| 7̇ 765 - | 71 23 1 - | 12 32 32 31 |
```
無憂無慮　天天　很開心
心中友愛　天天　很甜蜜

107

六、慈母恩

慈母恩

詞曲：莊財福

```
C              Am        F        G           C
| 3 ·5 5 5 3 2 | 1 - - 5 6 | 1 ·3 2 1 6 5 | 1 - - - |
C              Am        F        G
| 3 ·5 5 5 3 2 | 1 - - 5 6 | 1 ·3 2 1 | 2 - - 3 5 |
```
慈　母的恩　　德　　此生　言　語道不　盡　　願將
社　會的恩　　德　　此生　言　語道不　盡　　願將

```
Am            G              F           C
| 6 6 6 6 i 6 | 5 5 6 5 3 2 | 1 ·6 1 2 | 3 - - 3 2 |
```
感恩的心化作　　無窮力量貢獻　　社　會和人　群　　願將
報恩的心化作　　有形力量照顧　　社　會和人　群　　願將

```
Am            G              F      G     C
| 1 1 1 1 i 6 | 5 5 6 5 3 5 | 6 ·6 5 3 2 | 1 - - - :|
```
有限歲月　燃燒　自己生命　照亮　黑　暗和　大　地
有限力量　匯聚　成山成海　照顧　需　要和　不　幸

```
C           C            G         F      G     C
| - - - 5 6 | 1 ·3 2 1 | 2 - - 5 6 | 1 ·3 2 1 | 1 - - - |
```
　　行善　積　德好福　氣　　積善　之　家有餘　慶

七、老師！祝您永遠快樂！

老師！祝您永遠快樂

詞曲：莊財福
2009.06.08

```
C                    Am          F           G           C
|34| 5·3517 |1·23 - |6·5 6143 |2-1·7 |1 - - |

C                    Am          F           G
|34| 5·3517 |1·23 - |6·5 6716 |2252 - |
```

親愛 的 老師敬愛 的 老師　你 就 像是 我的 守護天使
親愛 的 老師敬愛 的 老師　你 就 像是 我的 生命燈塔
親愛 的 老師敬愛 的 老師　你 就 像是 我的 生命燈塔

```
C              Am        G            C
|3·4532 |1716 - |7777 75 32 |1 - - - |
```

每 天教導我　照護著我　看著我 一天 天長 大
每 天教導我　指引著我　看著我 一天 天長 大
每 天教導我　指引著我　看著我 一天 天成 長

```
C                F        C            F
| - - -11 |6·6641 6 |5·351 |4·4465 2 |
```

我就　像 是幼苗 般的 成 長一天 又 一 天 的長
我就　像 是小樹 般的 成 長一天 又 一 天 的茁
我就　像 是大海 中的 小 船循著 你 的 指 引前

```
Am          G              Dm          G
|3 - - -11 |1·1132 1 |7·6533 |2·5671 2 |
```

高　生命 因 為有你愛心 的 呵護時時 刻 刻感到很幸
壯　生命 因 為有你愛心 的 呵護時時 刻 刻感到很幸
進　生命 因 為有你愛心 的 呵護時時 刻 刻感到很幸

```
 C         C          C          Am          F      G
│i - - -│- - - 3 4│5 - - i 7│6 - - 6 5│6 · i 2̇ 2̇ i 7│
 福              老 師   老 師   祝福 你    永遠 快
 C
│i - - -│
 樂
```

說明：第一段為幼稚園＆國小版；第二段為國中＆高中版；第三段為大學及
　　　以上版本

【附錄四】

個案之活動觀察記錄（文字記錄）

個案一　小達

2009/06/12 第一週

　　第一週的活動是種子栽培和教唱歡迎歌及再見歌。第一次見面小達顯得有些怕生，當教學者上前詢問時，小達的表情不是很自然，也不太回應；唱歡迎歌時，小達有跟著一起唱，但是小朋友們整體的反應不是很強烈，聲音都很小聲，接著教學者把再見歌也先教小朋友們唱，讓小朋友有個印象，期待在活動結束時與唱歡迎歌時能有不一樣的表現。

　　園藝實作進行前，教學者先將準備的種子拿出來介紹給小朋友們認識及觸摸，並將本週要栽種的向日葵種子和番茄種子交給小朋友，在這時，所有的小朋友都向前來觀察及領取了，小達卻一個人在椅子上插著手坐著，當教學者詢問時，小達仍舊不太回應，待教學者叫到他時，小達才向前來領；經過教學者將植栽的種子、器具及栽種方式介紹完，教學者請小達上前來為大家作示範且在一旁執導，小達很快就能依照步驟一步步的完成了他的盆栽，動作也很確實，接著在其他小朋友動作時，小達還當起了小老師的角色，漸漸地小達臉上的表情多了起來，對於活動的參與也較為熱絡了。

　　唱再見歌時，小達和小新兩個人時常在一旁邊唱歌、邊嬉鬧，不過兩個人在唱歌時都能大聲的唱出來，表情和動作也很多，唱到「揮揮你的手呀！……」的時候，也都將小手大大的揮動起來呢！

2009/06/19 第二週

　　本週的活動主題是植物扦插。今天小達顯得很有活力，歡迎歌時大聲唱、拍著手；教學者為了讓小朋友們更融入活動，用吉他彈了「虎姑婆」給小朋友聽，小達和其他小朋友一起唱唱跳跳，但換女生組唱的時候，在後面的小達或許太興奮了，動作顯得太大，還差點打到小新身上，一旁幼稚園老師看到了，立刻制止了小達，並告訴他：「這樣的動作不可以唷！很危險！」，

小達馬上就停止揮打的動作,在旁邊的小新、小原聽到老師這麼說,動作也都緩了下來。

　　進行園藝實作時,教學者先讓小朋友觀察上週種的盆栽,小達的盆栽已經發芽了,有些小朋友的種子沒發出來,就靠過來看小達的盆栽,觀察完,接著進行薄荷扦插,教學者將薄荷及教材分給小朋友,並問小朋友們是否記得上週的動作,小達回答的很快說:「裝培養土!」,教學者又提:「裝培養土,對的,那前面還有一個步驟唷!小朋友們記不記得呀?」這時小達想不起來,表情顯得有些落寞,不過在分辨葉子上下面、裝培養土和澆水等步驟做的很正確,亦不需旁人協助即可達成。

　　唱再見歌時,因為在唱歡迎歌時幼稚園老師有制止他動作不可以太大,很危險,故此刻小達的動作小了許多,但從表情上看來還是顯得很開心。

2009/06/26 第三週

　　本週活動主題是樂曲教唱。活動一開始,教學者便問小朋友們有沒有記得澆水,有的大聲說:「有」,有些小朋友則沒有反應,小達則回答:「下午有」,接著教學者將前兩週種的盆栽拿出來請小朋友觀察,小達和其他小朋友一樣,摸到土後好開心,小朋友彼此還將碰過土的手指給對方看,這時教學者再次說明照顧植栽的注意事項,並告知小朋友要記得澆水。

　　進入本日主題,教學者教唱「感恩的心」及「真誠與奉獻」二曲,小達因為有先接觸過這兩首歌曲,故教學者請小達作示範,兩人一起先唱給其他小朋友聽,小達好像歌詞不是記得很清楚,所以主要還是教學者帶著大家。最後進行再見歌,是讓小朋友全部一起,這次好多小朋友都已經學會怎麼唱歡迎歌及再見歌了,小達在唱的時候,也樂意隨著歌曲揮手說再見。

2009/07/03 第四週

　　本週活動主題為植栽觀察及音樂活動。在今天的活動中,小達和小新在台前唱歌時,因為小新一直模仿他的動作,讓他覺得很不高興,所以起了爭執;幼稚園老師及教學者看到後,上前調停二人,但小達仍然不太開心,因此本週的活動,小達在表現上顯得較為堅持,且很在意小新的動作,一直到活動結束,幼稚園老師再進一步安撫,小達的心情才好起來。

2009/07/10 第五週

本週小達因協助幼稚園畢業典禮事宜，故無記錄。

2009/07/24 第六週

本週的活動主題是繪製心目中的小園地。小達對自己要畫的東西早有構想，圖畫紙才剛發下去，小達立刻就開始動筆了，當教學者靠近想問他對畫作的想法的時候，他態度很強硬的說：「不要吵我！」，教學者等到大家都畫完時，請小朋友輪流上台介紹自己的畫作，並在最後要選出本日最佳畫作；在選出小美的為最佳畫作時，小達不開心地說：「為什麼是小美，我畫的也很好啊！」，教學者馬上安撫小達：「小達的畫，很不錯啊，你看你的畫裡在地下還有水管耶！大家也給小達一個鼓勵吧！」，小朋友們也對小達的畫給予肯定；接著進行再見歌，小達臉上的不悅已經不見了，很開心的和小朋友們一同嬉戲。

畫作介紹：

天上藍色的線條是風吹出來的，天上還有太陽和月亮，小鳥在天上飛，地上有好多的樹，裡面還有一條小河，小河裡有魚、蝦，在河的旁邊有好多的高山，紫色的線條是埋在土裡的水管。

上圖為小達的畫作

2009/07/31 第七週

本週活動主題為植栽園地規劃及移植。活動開始前，幼稚園老師先為小朋友說了一個關於植物成長的故事，小朋友在聽的時候，各個都很感興趣，對老師提問的問題，也都有所回應，回答的也很好。

活動開始進行時，小達和小樓、小情、小美一組，先將花圃作鬆土、清碎石的動作，在執行中，小達和小樓二人玩的很開心，不過小樓有點太過用力，

鏟土時偶而會撒到小達的腳上，小達對此顯得有些不悅，告知教學者小樓的不對，教學者請小樓稍微小力些，後來小達就專注於鬆土不再對此不開心了。

接著莊老師帶著吉他來幫助小朋友複習活動間教唱過的歌曲，在此階段小達一開始都以稍息姿勢站著，臉上表情顯得較為憂鬱，莊老師看小朋友參與的較不熱烈，便彈「虎姑婆」來炒熱氣氛，小達的表情就轉為開朗，展露出笑容了。

2009/08/14 第八週

本週活動因莫克拉颱風沖毀花圃，故調整成八八水災之災後重建。八月八日莫克拉颱風重創台灣，小朋友上週剛移植好的植物，也因為這次天災而死光了，教學者在活動開始前，先詢問小朋友是否有到花圃看自己種的植物，小達回答：「都不見了耶，被颱風吹走了。」，其他小朋友也跟著應聲；教學者便開始說明本日主題，帶著小朋友到花圃來個機會教育。

「小朋友我們的植物被颱風吹走了，我們來整理整理好不好？」教學者問。

小達在鏟土時發現土裡有蚯蚓，非但不怕，小達大喊：「啊！土裡有蚯蚓耶！」，邊叫其他小朋友一起看，教學者和小朋友說：「蚯蚓也來幫大家鬆土耶！要小心不要鏟到牠唷！」今天小達沒有任何反應太激動的情況，也沒有與人爭執，僅是專心地將花圃整理好，再種入種子期待他們能快快長大。

教學者在活動結束後提醒小朋友，於下週除了當週主題活動外，還有「感恩的心」一曲之歌曲舞蹈比賽。

2009/08/21 第九週

本週主題為生命教育歌曲－「父親您真偉大」、「慈母恩」教唱。今天的教唱，小達學的不錯，歌詞雖不太熟悉，但能記得歌的旋律，臉上也顯得很開心。在接著的歌曲舞蹈比賽中，小達又對小新生氣了，原因還是因為小新一直學他的動作，故教學者後來讓小新與小達分別到其他組；在小達的動作中可以看到，小達對「感恩的心」歌詞的理解，能就不同的景象給予合適的手勢，創意十足。

2009/08/28 第十週

本週主題為生命教育歌曲－「老師！祝您永遠快樂！」教唱。今天教學者以不同的教唱方式來帶小朋友學習，先前的活動中，是以教學者唱一遍，

小朋友唱一遍的方式；今天則以逐字逐句唸給小朋友聽，希望小朋友能跟著唸出聲音來，加深對歌詞的印象。小達在活動中的參與還不錯，唸的聲音也很大，當遇到不熟或聽不清楚的情況，也會主動提出要求再一次。

幼稚園老師為了加深小朋友對歌曲的瞭解，為其說了一本叫「老師的一天」的故事書，小達在這時候會時常會分享自己幫老師作事情時的經驗。

2009/09/04 第十一週

本週主題為創造小花園。今天活動開場白，教學者以問題搶答方式，邊複習一直以來的園藝實作方式，小達對這樣的方式很感興趣，所有的問題都舉手想回答；接著教學者將小朋友帶到戶外，並發給他們今天會使用到的材料，小達拿到以後，便和教學者詢問使用方法，相當著急的想行動了。今天活動小達顯得很積極，也沒再與人起爭執或不悅的情況，很開心的完成了本日活動。

2009/09/11 第十二週

本週主題為心得發表及成果展現。今天的活動一開始就搬到戶外來執行，教學者先說明今日主題內容，並發放材料給小朋友，小達便和小樓、小原一起觀察空盆子，接下來的動作，小達都確實的自己達成；園藝實作相關問題的搶答時間，小達很踴躍地舉手回答，小達對這 12 週活動中的操作很有概念，園藝實作中要注意的事項也能記住，整體來說小達在這活動中取得不錯的學習經驗。

個案二　小情

2009/06/12 第一週

第一週的活動是種子栽培和教唱歡迎歌及再見歌。一開始教唱歡迎歌時，小情一直無法融入大家，教學者上前詢問，小情僅是抬頭看了看，並無作回應，等到教再見歌時，教學者為了讓小朋友們融入，要求作個可愛的表情，這時小情臉上才展現出了笑容；園藝實作進行前，請小朋友上前觀察及觸摸，一旁教學者的介紹，小情也很認真的在聽，等到栽種好植物，小情還一直抱著盆子，一邊觀察呢！等到教學者帶著大家到戶外為種子澆水，小情也還是緊緊的抱著盆子，待盆底流出水來滴到衣服上時，小情也還是這樣的狀態，教學者上前告知小情：「衣服都沾到水囉！」她才緩緩地將盆子放下，而後老師帶小情到一旁先把衣服沾到的地方擦乾，此時小情仍然未開口回應。

唱再見歌時，教學者讓小朋友分成兩組，一組男生一組女生，分別上前唱，小情到前面來唱時，仍是默默地看著教學者，並未開口，本週的活動中，小情在園藝實作時的表情較多，對於音樂活動的接受度似乎不高。

2009/06/19 第二週

本週的活動主題是植物扦插。小情和上週一樣很少說話，唱歡迎歌時的反應也不大，不過今天有開口小聲唱了幾句；教學者彈「虎姑婆」的時候，有看到小情開心的笑容，雖然她在自己唱的時候沒太多反應，但是看到其他小朋友開心的唱唱跳跳，她也是會受感染的。

進行園藝實作時，小情在聽完教學者的講解後，自行完成了薄荷扦插，但是似乎將薄荷插反了；為盆栽澆水時，小情保持著她的風格，慢慢地從盆緣倒入，動作做的很慢卻很細心。

輪到女生組唱再見歌時，小情僅是在站那，在最後一次大家一起唱再見歌時，小情總是在玩手指，對前方發生的事情毫無反應，

2009/06/26 第三週

本週活動主題是樂曲教唱。本週小情比較不排斥我們這些來帶活動的人了，請她來摸摸盆裡的土，教學者問她說：「妳覺得裡面的土是不是乾的還是濕的呢？」，小情小聲的回：「乾乾的。」，然後就笑著把沾了土的手指舉起給旁邊的小朋友看，這時教學者就開始說明照顧植物時，該注意的事項及澆水的時機。

開始進行「感恩的心」及「真誠與奉獻」二曲的教唱，觀察第一次接觸這兩首歌曲的小情時發現，她僅是直盯著教學者，不喜歡開口唱，而後唱再見歌時，身體雖會隨音樂扭動，嘴上卻是偶而唱個兩句。

2009/07/03 第四週

本週活動主題為植栽觀察及音樂活動。在今天的活動中，小情有試著開口和小朋友們一起唱歌，上台來跳舞也有參與，和先前僅是站著不太理會活動的情況進步了不少。小情鮮少與其他小朋友分享事情，總是安靜地坐在一旁，有時對活動感興趣，會貼近來觀察，但很多時候，小情都會獨立將事情做好，亦不須他人提示即可完成。

2009/07/10 第五週

　　本週活動主題為製作草頭寶寶。小情對今天的活動很感興趣，一開始教學者在介紹本日主題時說：「等下做的東西，若是你們好好照顧的話，他的頭上會長好長好長的頭髮出來唷！」，小情聽到後就說：「真的嗎？真的嗎？」，小情很認真的在聽教學者說明如何製作，當要裝土來當身體的時候，教學者覺得小情的土裝的太少，但是小情說：「它是小可愛，這樣小小的就好了」，做好以後，小情一直把它捧在手裡，不時地也會和其他小朋友分享彼此製作草頭寶寶的心情。

2009/07/24 第六週

　　本週的活動主題是繪製心目中的小園地。小情拿到圖畫紙後，久久未能下筆作畫，教學者進一步了解時，她只是皺了眉頭沒有說話，小情在觀察周圍小朋友的畫以後，才著手開始；她最先畫的是和小原一樣的小河，一邊觀察其他人，一邊為自己的畫增添色彩。

　　要開始投票選最佳畫作前，教學者將所有人的畫一字排開，當指到小情的畫的時候，教學者刻意提問：「這是誰畫的呀？」，小情有點靦腆且笑著舉手說：「是我的」，當選出最佳畫作者是小美時，小情沒有說什麼，笑著幫小美鼓掌。

畫作介紹：

　　天空中有顆大大的太陽，太陽周圍有好多好多的山，在周圍還有好多條小河，小河邊有一黃一藍兩朵小花，還有一小片的綠地，畫作上還畫了兩顆類似椰子樹的樹。

上圖為小情的畫作

2009/07/31 第七週

　　本週活動主題為植栽園地規劃及移植。活動開始前，幼稚園老師先為小朋友

說了一個關於植物成長的故事,小情在聽故事時是坐在大家的後面,鮮少說話,不過目光是專注於老師身上。

　　開始進行植栽的移植前,要先行整理花圃,小情的動作顯得很細緻,慢地地撥開土壤,將一些碎石撿起堆在一旁,慢條斯理的動作讓小達不太高興,小達對小情說:「你在這邊很擋路耶!」,小情對此沒有做太大反應,慢慢地移動,給小達留大一點的位置。

　　接著莊老師帶領小朋友複習樂曲,小情今日的參與還不錯,不僅隨著音樂做出手勢,也會小小聲的附和著唱。

2009/08/14 第八週

　　本週活動因莫克拉颱風沖毀花圃,故調整成八八水災之災後重建。小情今天看到教學者就上前來說:「你看,是蘋果(邊低頭看著自己的身上)」,教學者不瞭解小情的舉動,便回她:「是啊!是蘋果,蘋果怎麼了嗎?」,小情笑笑的沒多回應。接著到戶外整理花圃,小情臉上仍是掛著淺淺的微笑;活動執行時,小情和平時一樣不常說話,但是很喜歡觀察花圃,會注意自己自己種的地方,也會看自己澆水的地方,當水沒澆到時,她會慢慢地走去裝水,再走回來原地點幫那個沒澆到的地方仔細的倒水。

　　教學者在活動結束後提醒小朋友,於下週除了當週主題活動外,還有「感恩的心」一曲之歌曲舞蹈比賽。

2009/08/21 第九週

　　本週主題為生命教育歌曲─「父親您真偉大」、「慈母恩」教唱。主題是樂曲教唱,小情開口跟著唱的次數寥寥可數,在今天肢體動作比較多,動作雖稍慢,但小情臉上沒有不悅。在台下時,小奇玩著小情的頭髮,小情對此毫不在意,自己則對著教學者做可愛的動作(此時莊老師在彈「虎姑婆」,故小情作勢當起老虎)。

2009/08/28 第十週

　　本週主題為生命教育歌曲─「老師!祝您永遠快樂!」教唱。今天小情坐在最前方,教學者在教唱時,她能專注於歌詞上,以小小的聲音唸出來,後來再活動快結束前,小情看到小原坐在教學者身上,便過來說她也想這樣(此時教學者身邊圍了好多小朋友);今天小情在整體活動中,算

是參與較熱絡的情況，肯參與開口歌唱，且都有唸出聲音，注意力也一直專注於歌曲中。

幼稚園老師在說故事時，小情很專注的在聽，但回應老師問題時，反應卻不夠，甚至僅是呆坐在那沒回應。

2009/09/04 第十一週

本週主題為創造小花園。小情今天因為感冒，手中一直抱著水壺。活動間，小新一直在她身邊走來走去，所以有時會被影響。要到戶外時，小情一直戴不上口罩，就跑來找教學者幫他戴上。

到了戶外，小情好奇的看著教學者及大家動作完才操作，但活動全程都保持著好奇的表情。

2009/09/11 第十二週

本週主題為心得發表及成果展現。小情很專注的聽教學者說明今日主題，等到輪到小情裝土時，小情很仔細地慢慢裝，但裝的不太夠，教學者暗示小情要裝多一點，但小情示意不願多裝些，只要裝這樣就好了，之後把種子種入後，便仔細地觀察種子。後續的活動中，小情常常和小新兩個人在旁聊天。整體活動而言，小情能記得園藝實作的動作，但在音樂活動中，唱的聲音較小，在活動的反應及與幼稚園老師詢問中發現，小情常如此，她有著自己的生活步調。

個案三　小奇

2009/06/12 第一週

第一週的活動是種子栽培和教唱歡迎歌及再見歌。小奇在一開始鮮少有回應，都是在一旁觀察他人及聽教學者的介紹而已，唱歡迎歌時，也沒開口跟著一起唱。

園藝實作時間，當教學者請小朋友上前觀察時，小奇向大家分享她在家中會幫爸爸一起種花草，家中也有種植不少植物，接著進行到要小朋友們動作時，小奇臉上的表情多了，也漸漸地融入到活動中，不時會起身看看大家種的情況，坐在一旁亦會和旁邊的小新分享、嬉鬧。

唱再見歌時，小奇經過園藝實作時的融入，此時也會開口跟著一起唱了，甚至在教學者分組唱時，擺了好多可愛的動作。

2009/06/19 第二週

　　本週的活動主題是植物扦插。今天一來就看到小奇臉上掛著滿滿的笑容，唱歡迎歌時會大聲跟著唱，要求動作也都很樂於展現，當教學者帶唱完，小奇因為好奇還去彈了幾聲吉他。

　　扦插薄荷時，小奇自行完成了盆栽，拔下來的葉子，她也不忘記要收拾整理，小奇是在今天所有小朋友中，第一個主動收拾的唷。

　　唱再見歌時，小奇也有一起唱，而且今天的活動，她一直是坐在教學者正前方的位置，和上一週較怕生的情況非常不同。

2009/06/26 第三週

　　本週活動主題是樂曲教唱。活動開始時，因為幼稚園老師帶小奇去廁所還沒回到教室，等到要進行本週主題活動時小奇才回來。活動中，小奇會小聲的跟著教學者一起唱，當教學者靠近些想聽聽她唱時，她就害羞的笑了起來；在教唱時，教學者會講解歌詞含意且詢問問題，小奇也都會回應教學者。

　　唱再見歌時小奇也樂於展現自己，能開口隨音樂一起唱、擺動身體。

2009/07/03 第四週

　　本週活動主題為植栽觀察及音樂活動。小奇今天在活動中顯得很開心，唱歌時，會隨著大家一起唱，觀察植物生長時，和教學者說：「你看！我的發芽了耶！」（小奇盆栽裡的種子終於發芽了，先前因為天氣太熱，又忘了澆水而發不起來），今天小奇的媽媽比較早來接他，所以後續的跳舞活動就沒參加了。

2009/07/10 第五週

　　本週活動主題為製作草頭寶寶。小奇在一開始組合時並不上手，要將絲襪套到布丁盒上，小奇嘗試了好久，後來開口請教學者幫她；在裝土的時候，因為教學者有說草頭寶寶會長頭髮，而那些種子就是頭髮長出來的地方，所以小奇為了讓草頭寶寶能長出茂密的頭髮，灑了好多種子進去盒子裡才裝土，等到組合好要貼上眼睛時，小奇一直在觀察種子的分佈，有些沒有種子的地方，小奇也努力的想將種子分散過去，對將創作出來的作品很有自己的想法。

2009/07/24 第六週

本週的活動主題是繪製心目中的小園地。小奇一拿到圖畫紙，最先畫了一個太陽在空中，接著一邊畫，會一邊和小新討論，分享彼此的畫作；在台上作分享時，小奇很高興的指著自己的畫，邊對其他小朋友解說，後來大家都往台前站了，想靠近一點來看，小奇對此感到很開心。在活動中，有時小奇會因為其他人的影響而分心，但整體而言，小奇是很熱烈地參與著活動，在討論畫作時也很有自己的想法。

畫作介紹：

天空上有個好大的太陽，天空中還有幾隻鳥和蝴蝶在飛，下面有一座山，山旁有一片湖，湖旁還有一棵樹，樹上還長了兩顆果子。

上圖為琪琪的畫作

2009/07/31 第七週

本週活動主題為植栽園地規劃及移植。活動開始前，幼稚園老師先為小朋友說了一個關於植物成長的故事，小奇很專注的聽老師講故事，也很樂烈的回應老師的提問。開始園藝實作時，小奇和小新、小原一組；鏟土時，小新和小原兩人玩的特別開心，小奇在一旁也跟著嬉鬧起來，因為小奇這組的地點有較多原先幼稚園方種植的植物，故他們一邊拔一邊鏟土，和另一組來比較，這組的三人顯得特別高興，不時小奇會到另一組觀看施作情形，一邊說著：「我們那邊鏟的比較鬆呢！」之類的話，來刺激另一組組員要加快動作。而後的活動中觀察到，在園藝實作部分結束後，小奇露出疲態，再加上天氣熱，頻頻擦汗，看著教學者時也常皺著眉頭，若有所思的感覺。

教學者在活動結束後提醒小朋友，於下週除了當週主題活動外，還有「感恩的心」一曲之歌曲舞蹈比賽。

2009/08/14 第八週

本週小奇請假未上學，故無記錄。

2009/08/21 第九週

本週主題為生命教育歌曲－「父親您真偉大」、「慈母恩」教唱。今天小奇在台上表演時顯得有些害羞，剛開始不太敢做動作，看到大家都一跳起來了，他也放開來跳了，而且還能跟著一起唱。回到台下時，小奇玩弄小情的頭髮好一陣子，或許是因為兩個人頭上都是綁兩個小馬尾，小奇覺得很可愛吧。

2009/08/28 第十週

本週主題為生命教育歌曲－「老師！祝您永遠快樂！」教唱。小奇在教學者逐字逐句唸出的時候，總是低著頭玩著自己的手指，顯得有些無聊，後來還會在活動區裡爬來爬去，或是和小樓、小美兩個人互作表情嬉鬧。

幼稚園老師說故事時，小奇的精神就回來了，很注意的聽，老師提問時也很快的舉手分享和教唱時顯得無聊的情況差很多。

2009/09/04 第十一週

本週主題為創造小花園。在今天的活動中，小奇常常提問或發表心得，譬如：「筷子要做什麼呢？可以直接用手嗎？」、「那個洞要挖很深嗎？（放種子的洞）」等，其他小朋友也會和教學者一起回答或討論她的話。

到了戶外，小奇拿到材料後一直把玩著，拿到種子的時候，也在手中數數，確認都拿到了；因為在教室時，小奇問了很多問題，所以到了戶外，小奇一下就種好了。

2009/09/11 第十二週

本週主題為心得發表及成果展現。小奇在塞報紙這部份較無法上手，雖然知道要將盆底的排水孔遮住，但是小奇始終無法確認自己是否將報紙塞好，表情顯得很苦惱，便請教學者幫忙看，之後在澆水時，小奇會在一旁觀察其他小朋友如何執行，然後依樣畫葫蘆。活動中，當遇到問題時，小奇會先以觀察的方式，看看其他人怎麼做，若無法達成時，才會選擇求助教學者，顯得很有毅力。

個案四　小樓

2009/06/12 第一週

　　第一週的活動是種子栽培和教唱歡迎歌及再見歌。小樓是個愛笑的小男生，教唱時雖然唱的聲音不大，但是他很快地就能融入到活動中。活動在介紹種子時，他邊走邊跳的上前來觸摸種子，在裝土的時候，他看到手髒了，沒馬上拍掉，反倒是舉起手來和大家說：「哈哈！黑黑的」，一邊玩起培養土；小樓的動作很快，不需要教學者提示，就可以將盆栽完成。

　　唱再見歌時，因為小樓要上游泳課，所以提早離開了。

2009/06/19 第二週

　　本週的活動主題是植物扦插。小樓和上週一樣，笑容滿面，歡迎歌唱的雖然有些小聲，但是樂於開口。接著進行薄荷扦插時，小樓會把薄荷葉拿在手上搓揉，讓手上都是薄荷的味道，嘟嘴著說：「涼涼的。」，當教學者要求小朋友們將破掉的葉子或枯掉的葉子摘除時，小樓似乎不理解其意義，將所有葉子都摘了下來，後來教學者又給他幾片薄荷，並再次告訴他動作的含意，也讓其他小朋友一同複習，這時小樓便聽懂了；接著進行澆水，小樓看到盆底流出水來便大喊：「哈哈～盆子尿尿了。」，開始把玩著盆子，一直澆水要看盆底流出水來，教學者上前告訴他：「盆底流出水來，表示你有把水都澆進盆栽裡，也代表你澆好囉。」，小樓仍然要澆水，等到流出來的水滿桌都是，他才停止。

　　唱再見歌時，小樓總在旁邊做好多動作，等到嬉鬧完、累了才坐下安靜地聽其他人唱歌。

2009/06/26 第三週

　　本週活動主題是樂曲教唱。今天小樓依舊笑容滿面，在觸摸盆栽中的土時，和其他小朋友一樣，碰到以後就好開心，舉著手四處和人說：「哈！黑黑的」。在教唱「感恩的心」時，小樓突然要上廁所，幼稚園老師便領著他去廁所；在音樂活動中，是以簡報投影片的方式，讓小朋友藉由圖片了解歌詞意境，小樓看到圖，能很快的指出圖中的人物或是圖中人物正在從事的工作。

2009/07/03 第四週

　　本週小樓請假未上學，故無記錄。

123

2009/07/10 第五週

本週活動主題為製作草頭寶寶。小樓聽完教學者的講解，在製作自己的草頭寶寶時，小樓故意將它做的很大，大到小樓無法獨立將底部封起來，於是請教學者幫忙，做好以後，小樓給它取名叫「大頭怪」，之後就帶著大頭怪四處和其他小朋友分享。

2009/07/24 第六週

本週的活動主題是繪製心目中的小園地。小樓拿起畫筆就畫呀畫，不過一直都只用水藍色，教學者詢問他說：「小樓，你畫的這個什麼呢？（指著一個大大的、像饅頭的圖形），嗯？小樓你都用藍色啊，要不要多加幾種顏色呢？」，小樓回說：「這個是好高好大的山，下面是海，裡面有大白鯊唷！（作勢：吼！）」，對於多加幾種顏色的問題小樓沒說話，只是笑笑的搖搖頭就繼續畫了。

要開始投票選最佳畫作，小樓顯得不是很專心，東看看西看看，或是和其他人嬉鬧聊起天來。再見歌時，小樓仍舊唱唱跳跳非常活潑，顯得特別開心。

畫作介紹：

有個光線很強的太陽照著高高大大的山，山的周圍都是海，海上還有座小島，島上有一棵椰子樹，島周圍有好多的鯊魚。

上圖為樓樓的畫作

2009/07/31 第七週

本週活動主題為植栽園地規劃及移植。活動開始前，幼稚園老師先為小朋友說了一個關於植物成長的故事，小樓坐的位置比較前面，又坐得較旁邊，一直歪著頭看老師手中的故事書，有時看不到，小樓會立刻說：「我看不到」。

開始園藝實作時，小樓對鏟土的動作顯得特別激動，拿著鏟子用力的鏟呀

鏟，不時會把土撒到小達的腳上，所以有點小小的狀況發生，但是小樓聽從教學者的話，很快的就調整自己的動作，狀況就解決了。

接著莊老師彈吉他讓小朋友複習樂曲，小樓先展現出不耐煩的表情，但慢慢地有融入於活動中，但整體而言，小樓還是表現的很開心。

2009/08/14 第八週

本週小樓請假未上學，故無記錄。

2009/08/21 第九週

本週小樓請假未上學，故無記錄。

2009/08/28 第十週

本週主題為生命教育歌曲－「老師！祝您永遠快樂！」教唱。小樓在教學者教唱時，老是動來動去，坐在教學者的旁邊，有時會偷戳教學者的背後，但不致於影響上課，在學習歌曲方面，小樓還是會跟著唸和唱，只是肢體上的動作比較多而已。

幼稚園老師在講故事時，小樓就顯得較為安定，專注於故事情節中，遇到感興趣的也會大聲提出及分享。

2009/09/04 第十一週

本週主題為創造小花園。活動開始時，小樓顧著在一旁吃甜點，等到他吃完後，教學者也帶著大家到戶外，他才開始真正將注意力專注在活動。當教學者把材料發給小樓時，小樓馬上就把筷子插到土裡挖了一個大洞，教學者發現後，上前去詢問後，發現小樓雖然知道種種子要挖洞，但是他不知道要挖多大多深，所以一直挖呀挖，即使如此小樓還是挖的很開心，最後小樓有將大洞先填補一些，再將種子種入土裡。

2009/09/11 第十二週

本週主題為心得發表及成果展現。小樓在今日活動中，常專注於嬉戲上，當植物種好時，會繼續用手戳土，之後還不小心地將植栽打翻了；小樓對於這 12 週的活動，在園藝實作上的動作雖記得，但總是想著要嬉戲而分心。音樂活動上，小樓能記得活動中教過的歌曲，且總是很開心的唱唱跳跳。

個案五　小新

2009/06/12 第一週

　　第一週的活動是種子栽培和教唱歡迎歌及再見歌。在活動中，最引人注意的就是小新了，教唱歡迎歌及再見歌時，對於第一次聽到的歌曲，即使不能唱出來，但是小新會用力的揮動雙手，待教學者帶唱了數次，小新也能朗朗上口了。

　　園藝實作在介紹時，當教學者一拿出種子，小新立刻就站起來看，顯得很好奇，發種子時小新也是第一個伸出手來要拿種子的；教學者將種子、盆子、報紙都發了下去，正在講述如何組合及動作時，不顧台前的人在講什麼，小新一直把玩著手中的盆子，待所有人都將盆栽組合好，小新變和一旁的小奇、小原玩起土來。教學者帶著大家到戶外為盆栽澆水，小新似乎特別喜歡這個步驟，一直想多澆幾次，不過小新總是要把水澆的滿出來，自己的澆好了，還會跑去再裝水，跑回來澆別人的，依舊是要澆到滿出來；當教學者告知他澆水須適量時，小新不聽，還是執意要澆滿。

　　唱再見歌，小新的聲音一直是最大的，唱唱跳跳動作很多也很大，還會和小達、小原嬉鬧起來，小新在活動中總是起鬨的發起人，當他唱得越大聲，一旁的男生們也跟著大聲起來，甚至唱成 Rock 版本呢。

2009/06/19 第二週

　　本週的活動主題是植物扦插。小新今天一見到教學者就唱起了歡迎歌，雖然歌詞還不是很熟悉，但是對於拍手的動作卻很熱衷；小新很容易就被旁邊的人影響而轉變其動作，但是對於一些他感到好玩、有趣的，卻是非常的堅持；在教學者為了讓小朋友融入活動時，彈了首「虎姑婆」炒熱氣氛，小達和小新兩人太過興奮，有些肢體上的碰撞，幼稚園老師見到，立刻上前制止，小新也馬上停下動作，乖乖的唱歌了。

　　園藝實作前的植物觀察，小新一拿到上週種的盆栽便玩其培養土來，或是把植物整個拔起來，向日葵的小芽都被掐斷了呢。澆水時，小新和小樓一樣喜歡一直澆，讓泥水流到桌上都是。

　　接著進行再見歌，小新和小達兩人仍舊嬉鬧了起來，但是動作不像歡迎歌時那樣大了，不過聲音方面，小新倒是全部人中最大聲的。

2009/06/26 第三週

本週活動主題是樂曲教唱。小新一開始對活動很不感興趣，一直坐在一旁看其他人的動作，或是玩手指；等到教學者讓他上前來觸摸土壤，才開始有了笑容。接著進行樂曲唱時，小新對教學者的話都有回覆，如：歌詞中提到天、地、流水及草木，教學者告訴小朋友們說要謝謝天、謝謝地……等，小新都是第一個且最大聲的那位，但小新有時會不理會教學者，僅是轉過身去看著投影片中的圖片。

2009/07/03 第四週

本週活動主題為植栽觀察及音樂活動。小達因為不高興小新一直模仿他的動作，故小新在今天的活動中和小達起了爭執，但小新並無對小達惡言相向，只是一直模仿，教學者先安撫小達不成，便和小新說：「小新，你也可以做一些自己想到的動作呀！」小新笑了一下，仍然模仿著小達的動作；幼稚園老師怕兩人在台上鬧得不開心，故請二人先行休息在一旁安撫情緒。

小新今天有個反應讓在場的所有人都開心起來；小新在教學者說：「因為天給我們陽光，土地讓我們蘊育生命，所以我們要謝謝天、謝謝地……。」話說到此時，小新便大聲的說：「謝～謝～土～地！（一邊做九十度以上的鞠躬禮）」

其他小男孩見到他這樣做，也一起做這樣的動作。活動後教學者詢問幼稚園老師，是園內有做過這樣的動作嗎？幼稚園老師說沒有，是小朋友自己想的。

今天的活動小新雖然和小達起了爭執，但是小新在活動中的反應還是不錯，但在對模仿這件事情的反應上，似乎顯得有些固執。

2009/07/10 第五週

本週活動主題為製作草頭寶寶。今天教學者一進到教室就見到小新，因為上週那有趣的動作，於是教學者刻意詢問他：「是否還記得『感恩的心』怎麼唱呢？」，小新唱了幾句，一旁小朋友聽到也附和起來，而後教學者問小新記不記得這首歌告訴我們什麼呀？，小新馬上又做了九十度鞠躬禮，大聲的說：「謝謝土地」，其他小朋友見狀，也跟著這麼做。

小新在開始製作草頭寶寶時，因為先看到小樓做了好大一個，他也想要這樣，就一直裝土到布丁盒內，裝到都撒了一地，教學者便請他裝適量就好，也提醒他裝太多土，底部會封不起來，小新有聽進去，便開始會一邊試著封起來，

一邊注意是否能再多裝一些土；完成後，小新也把自己的草頭寶寶拿給小樓看，和他說：「你看，我也有大頭怪唷！」，兩個人就這樣開始嬉鬧起來。

2009/07/24 第六週

本週的活動主題是繪製心目中的小園地。今天的活動，小新很安靜地在完成他的畫作，偶而抬起頭來看看其他人的畫。在聽其他小朋友介紹畫作的時候，小新很熱烈的參與，看到感興趣的會貼近來看，甚至起身比手畫腳的表達自己的感想呢。唱再見歌的時候，小新跳著跳著就坐到教學者身上來了，在教學者身上時，也沒停下當下的動作，繼續唱著歌，揮著手說再見～

畫作介紹：

天空中掛著好多好多的太陽，一旁的山都被照到光禿禿的只剩一棵樹在，山的周圍都是大海，海有幾艘被怪獸用翻的船。

2009/07/31 第七週

本週活動主題為植栽園地規劃及移植。活動開始前，幼稚園老師先為小朋友說了一個關於植物成長的故事，小新先是一直和小達

上圖為小昕的畫作

聊天嬉鬧，但對老師的提問仍會回應，而後故事越來越有趣，小新的注意力就回到了聽故事這件事上。

在園藝實作時，小新一開始的工作是幫忙將原有的植物拔除，不時還幫忙將小碎石給撿起來，不論天氣多熱、做的多累，臉上總是掛著笑容；當小新將自己的工作完成後，也加入和小原、小奇一起鏟土、鬆土的行列，這時他玩得更開心了，但總把土撒的到處都是，教學者及幼稚園老師就叮嚀他要將土好好的堆在一起，這樣等下才不會沒有土可以給植物做個漂亮的家，小新就乖乖地把土收集在一起了。當把植物都移植好要澆水時，小新一直想澆，霸佔著水瓢，一會兒還將最後剩下的水，一次整個倒入土裡，險些將植物都

沖壞了，教學者告訴他要慢慢地澆，他只是笑著說：「我還要裝水」，而後是教學者將器具交給其他小朋友，在和小新說明澆水時要注意什麼，並藉由先前幼稚園老師講的故事當範例，小新才瞭解到自己的錯誤。

2009/08/14 第八週

本週活動因莫克拉颱風沖毀花圃，故調整成八八水災之災後重建。小新今天還是很有活力，當教學者問：「大家知不知道植物怎麼死光光了？」，小新大聲的回答：「淹死囉！」；教學者帶著小朋友到戶外，小新很快地穿起鞋子跑到外面玩，等到教學者看大家都到外面了才將小新叫回來。在澆水時，小新仍是很喜歡把水大力的倒入土中，倒完後，馬上又跑去裝水，教學者看到小新這樣，便再次問他：「小新，你知道我們種的植物怎麼死光光了嗎？」，小新說：「有颱風來，淹大水囉！」，教學者說：「對啊！颱風帶著大水來，植物受不了大水淹，就死光光了，那小新，我們是不是該好好照顧他，不能澆太多水，也不能澆太大力呢？」，小新聽完點點頭，就乖乖地去洗手，在一旁找其他人玩了。

教學者在活動結束後提醒小朋友，於下週除了當週主題活動外，還有「感恩的心」一曲之歌曲舞蹈比賽。

2009/08/21 第九週

本週主題為生命教育歌曲－「父親您真偉大」、「慈母恩」教唱。教唱兩首新的歌曲時，小新會大聲的跟著唱，但有時會突然插句題外話，讓大家不知所措；後來讓小朋友上台表演，小新因為一直模仿小達的動作，使得小達生氣不願和他一起表演，所以將二人分開來。在台下，小新有很多的表情及動作，譬如雙手遮眼，搖頭晃腦，或是教學者在彈「虎姑婆」時，和小達兩個人互相作勢扮老虎，十分逗趣。

2009/08/28 第十週

本週主題為生命教育歌曲——「老師！祝您永遠快樂！」教唱。在教唱時，小新是做在幼稚園老師旁邊，所以今天較安定，沒有在一旁大聲嬉鬧的情況，在唸唱歌詞時，小新的聲音仍然是最大的，注意力是專注於活動中。

幼稚園老師在講故事時，小新也是很安定的在聽，不時也會主動分享些自己的經驗。

2009/09/04 第十一週

本週主題為創造小花園。小新在今天的活動中一直停不下來，一會兒對著相機擺 Pose，一會兒拿著水壺轉來轉去，稍稍影響到了活動中小朋友的注意力。

教學者帶小朋友到戶外後，發下材料，小新取得筷子時，拿在手上一直甩來甩去，教學者立刻制止他，並告訴他這樣不行很危險，小新笑了一下，馬上就停止動作；之後在種種子時，小新能自行完成動作，且不需教學者提醒就能完成。

2009/09/11 第十二週

本週主題為心得發表及成果展現。今天的活動，小新常常帶頭嬉戲，但活動的動作都能記住，況且自己會確認動作是否完成。鏟土時，小新一開始裝就停不下來，都撒到地上了，小新仍很開心的要一直裝，回到座位上後，小新先是將土壓平，後來就開始四處觀察其他人的施作情況。最後心得分享時，小心依靠著莊老師，一邊和小情聊天嬉戲。12 週的活動，小新總是很活潑，雖然有時會和小達起點小狀況，但都只是開玩笑而已，並不在意，兩人隔天還是很開心的玩在一起。

個案六　小原

2009/06/12 第一週

第一週的活動是種子栽培和教唱歡迎歌及再見歌。初次見到小原，他的臉上顯得害羞，教學者想和其打聲招呼，他害羞到轉過頭去。活動剛開始進行教唱歡迎歌及再見歌時，小原很安靜地專注在聽教學者的帶唱，但是並未開口，教學者進一步詢問，他也只是害羞地笑了笑；活動進行到園藝實作時，教學者在活動中觀察其表情，小原的表情漸漸從害羞變成好奇，且專注的在聽教學者的講解內容，不時還會貼近前來；當大家把盆栽都組合好時，小原與一旁的小朋友嬉鬧起來，在戶外為植物澆水，小原聽從教學者的叮嚀，緩緩地將水倒入盆內，動作執行的很確實，教學者還要大家向他學習。

唱再見歌時，或許是習慣了我們這些陌生人，小原的動作變多了，願意開口唱歌，且會隨著音樂和小新一同揮揮手、嬉鬧、大笑。

2009/06/19 第二週

本週的活動主題是植物扦插。今天看到小原，不再像上週那樣怕生了，剛踏入教室小原就跑來迎接教學者，唱歡迎歌時，小原會開口一起唱，也會隨著旋律拍手，很融入於活動中。

園藝實作進行中，小原無法將報紙正確的放入盆內，一臉失望的請教學者幫助他，教學者邊說明報紙的用意，邊幫助他完成，而後的動作，小原能自行達成；今天的活動中，小原請教學者幫了不少次，放報紙、分辨葉子等，期待下次的園藝實作，小原能自行達成，得到種植的經驗。

唱再見歌時，男生組總是唱唱跳跳，非常的熱鬧，小原也會跟著小達、小新一起擺動身體。

2009/06/26 第三週

本週活動主題是樂曲教唱。活動一開始小原就做了很多個鬼臉給教學者看，教學者一到教室，小原還跑過來示意要擁抱。教學者將盆栽請小原觸摸土時，其他的反應和其他小朋友不太一樣，小原會說出土壤乾濕的情況，但不像其他小朋友，是舉著手讓他人看，而是說完就退回到位置上，但是臉上其實並沒有不悅，還是掛著笑容。

樂曲教唱時，小原會跟著其他小朋友一起回答問題，但是讓他自己單獨分享時，小原就又顯得害羞了。

2009/07/03 第四週

本週活動主題為植栽觀察及音樂活動。小原在今天的活動中較少發表意見，在台上跳舞時，動作也不大，後來跟著幼稚園老師去上廁所回來後，小原的家人也先將他接回家了。

2009/07/10 第五週

本週活動主題為製作草頭寶寶。小原今天看到教學者來了，一樣是跑過來迎接，因為快到幼稚園的畢業典禮了，小原和教學者分享了好多他們在準備時的經驗。

小原聽到今天要製作草頭寶寶時，顯得很興奮，拿著布丁盒一直揮舞，在製作時沒有遇到什麼大問題，不過教學者發現，小朋友們在為布丁盒套上絲襪時，好像會顯得不開心，似乎這樣的動作，小朋友們不太能雙手協調完

成，小原也是如此，不過小原在無法達成時，會持續嘗試兩三遍，當還是無法達成時，他會立刻找他人幫忙。在活動時，小原會因為一旁小朋友在嬉鬧而想一起玩，但是仍會先完成手邊工作再去。

2009/07/24 第六週

本週的活動主題是繪製心目中的小園地。小原今天仍然很熱情的來迎接教學者。畫畫時，小原很專注地在完成自己的畫作，教學者故意稍微打斷他的動作，他也沒有顯得排斥。介紹畫作時，小原和其他小朋友不同的地方是，他會直接站在畫的正前方來介紹，如此就擋住了其他人欣賞他的畫作，並僅是將畫裡有的東西逐項說出，實際上畫出來的含意，是教學者及其他小朋友事後提問才得知；在投票選擇最佳畫作時，幼稚園老師坐在小原的旁邊，小原此時變得較安靜，且直接依偎在老師的身上。

畫作介紹：

望過去有好多的高山，在群山中有個小太陽露出了臉，山的前方有條河，河面上還有幾艘船，有一艘船被大怪物用翻了。

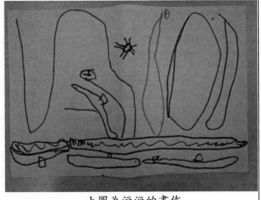

上圖為洹洹的畫作

2009/07/31 第七週

本週活動主題為植栽園地規劃及移植。活動開始前，幼稚園老師先為小朋友說了一個關於植物成長的故事，小原對故事聽得很投入，指著故事書一直問這個是什麼？那個是什麼？

園藝實作時，小原玩的很開心，況且和小新、小奇三人的動作很快，沒幾下就將植物都清光，土也翻鬆好了；在澆水時，小原依舊是大家的模範生，慢慢地將水倒入，並均勻的把水撒在植物四週，避免損壞植物。

今天小原在莊老師的帶唱下，表現的很出色，唱得特別大聲，臉上總是掛著開心的笑容。

2009/08/14 第八週

本週活動因莫克拉颱風沖毀花圃，故調整成八八水災之災後重建。小原今日很高興的來迎接教學者，還抱著叫教學者的名字；一開始教學者問小朋友：「大家知道我們的植物怎麼死光光了嗎？」，小原先是看看其他人，等其他小朋友說了是被淹死的，他也附和著說：「是被水淹死的」。

小原到了戶外，教學者將先再次說明植物死亡的原因，然後請小朋友們先鬆鬆土，再將種子種到土中，在種植的時候，小原會用手確認並再次將土撫平，其他的小朋友則需要提示才會執行這動作。

教學者在活動結束後提醒小朋友，於下週除了當週主題活動外，還有「感恩的心」一曲之歌曲舞蹈比賽。

2009/08/21 第九週

本週小原請假未上學，故無記錄。

2009/08/28 第十週

本週主題為生命教育歌曲－「老師！祝您永遠快樂！」教唱。小原在今天是一直貼近著教學者，活動後來小原直接坐在教學者身上，其他小朋友見到，也漸漸地靠過來，小情也過來說要給教學者抱，小樓則是在教學者背後偷戳背。

幼稚園老師講故事給小朋友聽時，小原依舊坐在教學者旁邊，但並不影響他在活動的反應，老師所提的問題，他也很熱烈的參與討論。

2009/09/04 第十一週

本週小原請假未上學，故無記錄。

2009/09/11 第十二週

本週主題為心得發表及成果展現。小原在拿到盆子後，便和小達、小樓討論起排水孔，還學小新將盆子拿到嘴巴前當話筒。裝土時，小原會一邊裝一邊問教學者：「裝這麼多可以嗎？」再三地確認自己是否達成標準；小原澆水動作仍是最細心的一個，小奇都在一旁觀察小原是如何澆水的。小原澆完水後，以為要再將土壓實，結果一碰手就沾滿了泥巴水，但小原僅是哈哈大笑，然後就跑去將手洗乾淨了。

　　活動後分享時，小原坐在莊老師身邊，和第一週比起來，小原那害羞的情況完全沒了，變得相當熱情。

<hr>

個案七　小美

2009/06/12 第一週

　　第一週的活動是種子栽培和教唱歡迎歌及再見歌。小美是個很有活力的小女生，在教唱時，很快就能學會如何唱，且會跟著旋律擺動身體。園藝實作進行時，小美會主動回應教學者的問題，在種植的動作上也作的很確實，澆水的方式也聽從教學者的指示。

　　唱再見歌時，坐在位置上的小美會隨著在前面唱唱跳跳的男生組一起唱，等輪到女生組時，小美也會在前面開心的唱唱跳跳發洩一番。

2009/06/19 第二週

　　本週的活動主題是植物扦插。在唱歡迎歌時，小美延續上週的情況，且已經把歌詞記起來了，當教學者唱錯的時候，還會馬上指正。

　　轉到戶外執行園藝實作，小美似乎因為剛剛在室內唱唱跳跳太激烈，加上炎熱的天氣，一下就滿頭大汗而頻頻擦汗，製作盆栽時，小美還記得執行的步驟，所以很快就完成，只是在摘除損葉時，需要他人幫助；小美看到一旁的小奇在完成後會收拾桌上的碎土和損葉，他也跟著這麼做，相較於男生，似乎並不急著進行下一步。

　　回到室內進行最後再見歌的部份，剛剛戶外太熱了，幼稚園老師一回到教室就叫小朋友們喝水；小美在戶外時的動作沒那麼多，回到室內以後，小美回到一開始的情況，開心的唱唱跳跳。

2009/06/26 第三週

　　本週活動主題是樂曲教唱。讓小朋友觀察植物時，小美特別感興趣，先是在一旁專注的看，而後還站起來想看清楚些，教學者看到這樣，就讓所有小朋友上前來近距離接觸，一到前面小美笑的好開心。

　　進行樂曲教唱，小美一直很融入於活動當中，對於教學者的提問也都會回應，後來唱再見歌時，小美也搶佔最前方的位置邊唱邊跳。

2009/07/03 第四週

　　本週活動主題為植栽觀察及音樂活動。小美今天的情況，和上週大致相同，但教學者發現，小美很容易被外界的刺激所影響，旁邊的人在嬉鬧，她也會想參與，台上的男生們在跳舞時，她在台下也會一起隨音樂擺動身體，等輪到自己的時候，感覺像是迫不及待的想表現，對於活動的熱情參與，在一旁觀看的其他小朋友家長也感受得到。

2009/07/10 第五週

　　本週小美因協助幼稚園畢業典禮事宜，故無記錄。

2009/07/24 第六週

　　本週的活動主題是繪製心目中的小園地。小美一開始不知道怎麼下筆，東看看西看看，看到旁邊的小原、小樓和小情都畫了太陽，他也畫了一顆太陽，接著在一旁畫了個層層疊起的高山，接著小美漸漸加快了畫的速度，似乎已經想到要畫什麼了；這次的活動，小美的畫被大家選為最佳畫作，她顯得很開心，但是反應沒什麼太大的轉變，只是高興的起身謝謝大家而已。

畫作介紹：

　　天空高掛著一顆橘紅色的太陽（教學者認為應該是夕陽，可代表著時間），群山疊起，山下有一大片草原，草原上有隻小鳥飛過去，況且地上有一排剛發芽的種子，還有一戶人家，和兩株長得好高的向日葵。

上圖為小妞的畫作

2009/07/31 第七週

　　本週活動主題為植栽園地規劃及移植。活動開始前，幼稚園老師先為小朋友說了一個關於植物成

長的故事，小美在聽故事時一下拉拉襪子呀，一下看看旁邊的人，故事仍在進行，小美雖會回應幼稚園老師的提問，有時卻是和別的小朋友在嬉鬧。

在鬆土時，小美會跟著教學者一起動作，看到同組的小情動作較慢，會幫她一起作。接著在音樂活動時，一旁的幼稚園老師有帶動作呼應音樂，小美則會跟著老師的動作一起作，別的小朋友則是自創手勢。

2009/08/14 第八週

本週小美因家人提早接回，故無記錄。

2009/08/21 第九週

本週小美因家人提早接回，故無記錄。

2009/08/28 第十週

本週主題為生命教育歌曲－「老師！祝您永遠快樂！」教唱。小美今天的表現顯得注意力較不集中，常常低著頭在玩手，或是走來走去的，靜不下來；當小美看到歌曲的投影片裡有著大家的照片，他才將注意力集中在活動上。

當幼稚園老師在講故事時，小美的注意力就較集中了，很安靜地聽老師說故事，回答問題時也很樂意分享經驗給大家。

2009/09/04 第十一週

本週主題為創造小花園。小美在開始活動時，一旁有在幼稚園幫忙的大學生在幫她整理頭髮，所以注意力並非完全專注於活動。接著教學者帶小朋友到戶外進行園藝實作，小美先是用手指在土上戳了一個洞，並將種子放入，然後教學者請她在做一次相同動作，但這次以工具在土上戳洞，再放入種子，體驗兩種不同的施作方式，小美很開心的種完，便去拿澆花器澆水。

2009/09/11 第十二週

本週主題為心得發表及成果展現。小美在活動中，相當注意教學者所說的話，所以今日的動作小美都能獨立達成，也不須教學者多做提示。最後的心得分享時，小美在後面自己一個人玩，當叫到她，讓她分享一下參與活動的心得給大家聽時，小美著注意力就回到活動當中，並說了一些如印象最深的活動為畫畫那時等心得。

【附錄五】

活動照片

6/12 小達當小老師

6/12 大家都在專心地觀察植物

6/19 唱歡迎歌

6/19 仔細的為盆栽澆水

7/3 男生們在台前即興跳舞
展現

7/3 女生們在台前即興跳舞
展現

7/22 草頭寶寶經過數天後
長頭髮囉

7/24 小朋友們專心地在畫出心
中的景象

7/31 小朋友幫忙鬆土

7/31 老師們帶領小朋友一同
唱歌

8/14 因為風災小朋友重新栽種種子　　8/14 為種子澆水

8/28 教唱「老師！祝您永遠快樂！」

8/28 為小朋友說關於教師節的故事

社會科學類　PF0060

園藝及音樂活動對幼童氣質之影響
——以生命教育為主題

作　　者 / 莊財福、張永杰、葉連霆、張文三、林美惠
責任編輯 / 林千惠
圖文排版 / 鄭佳雯
封面設計 / 陳佩蓉

發 行 人 / 宋政坤
法律顧問 / 毛國樑　律師
出版發行 / 秀威資訊科技股份有限公司
　　　　　114 台北市內湖區瑞光路 76 巷 65 號 1 樓
　　　　　電話：+886-2-2796-3638　傳真：+886-2-2796-1377
　　　　　http://www.showwe.com.tw
劃撥帳號 / 19563868　戶名：秀威資訊科技股份有限公司
　　　　　讀者服務信箱：service@showwe.com.tw
展售門市 / 國家書店（松江門市）
　　　　　104 台北市中山區松江路 209 號 1 樓
　　　　　電話：+886-2-2518-0207　傳真：+886-2-2518-0778
網路訂購 / 秀威網路書店：http://www.bodbooks.tw
　　　　　國家網路書店：http://www.govbooks.com.tw

2011 年 2 月 BOD 一版
定價：200 元

國家圖書館出版品預行編目

園藝及音樂活動對幼童氣質之影響：以生命教育為主題 / 莊
財福等作. -- 一版. -- 臺北市：秀威資訊科技, 2011.02
　　面；　公分. -- (社會科學類 ; PF0060)
BOD 版
ISBN 978-986-221-690-3(平裝)

1. 藝術教育 2. 生命教育 3. 活動課程 4. 學前教育

523.23　　　　　　　　　　　　　　　　99025061

讀者回函卡

感謝您購買本書，為提升服務品質，請填妥以下資料，將讀者回函卡直接寄回或傳真本公司，收到您的寶貴意見後，我們會收藏記錄及檢討，謝謝！
如您需要了解本公司最新出版書目、購書優惠或企劃活動，歡迎您上網查詢或下載相關資料：http:// www.showwe.com.tw

您購買的書名：_____

出生日期：_____年_____月_____日

學歷：□高中 (含) 以下　□大專　□研究所 (含) 以上

職業：□製造業　□金融業　□資訊業　□軍警　□傳播業　□自由業
　　　□服務業　□公務員　□教職　　□學生　□家管　□其它_____

購書地點：□網路書店　□實體書店　□書展　□郵購　□贈閱　□其他

您從何得知本書的消息？

　　□網路書店　□實體書店　□網路搜尋　□電子報　□書訊　□雜誌
　　□傳播媒體　□親友推薦　□網站推薦　□部落格　□其他_____

您對本書的評價：(請填代號　1.非常滿意　2.滿意　3.尚可　4.再改進)

　　封面設計____　版面編排____　內容____　文／譯筆____　價格____

讀完書後您覺得：

　　□很有收穫　□有收穫　□收穫不多　□沒收穫

對我們的建議：_____

_____

_____

_____

11466
台北市內湖區瑞光路 76 巷 65 號 1 樓

秀威資訊科技股份有限公司 　　收

BOD 數位出版事業部

....

（請沿線對折寄回，謝謝！）

姓　　名：＿＿＿＿＿＿＿＿＿　年齡：＿＿＿＿　性別：□女　□男

郵遞區號：□□□□□

地　　址：＿＿＿＿＿＿＿＿＿＿＿＿＿＿＿＿＿＿＿＿＿＿＿

聯絡電話：(日) ＿＿＿＿＿＿＿＿＿＿　(夜) ＿＿＿＿＿＿＿＿＿＿

E-mail：＿＿＿＿＿＿＿＿＿＿＿＿＿＿＿＿＿＿＿＿＿＿＿